自然語文 的 理论与实践

Zi Ran Yu Wen De
Li Lun Yu Shi Jian

黄海燕　武宏钧　温涛 ◎ 著

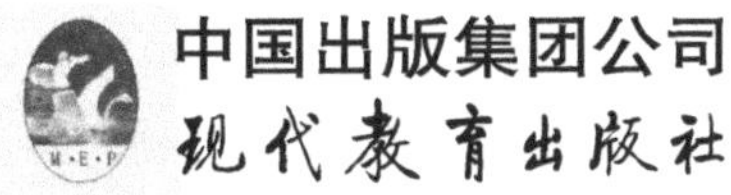

中国出版集团公司
现代教育出版社

图书在版编目（CIP）数据

自然语文的理论与实践 / 黄海燕, 武宏钧, 温涛著. —
北京：现代教育出版社, 2016.12
　　ISBN 978-7-5106-4864-9

　　Ⅰ.①自… Ⅱ.①黄… ②武… ③温… Ⅲ.①小学语
文课—教学研究 Ⅳ.①G623.202

中国版本图书馆CIP数据核字(2016)第324231号

自然语文的理论与实践

著　　者　黄海燕　武宏钧　温涛
责任编辑　王　静　时京京
封面设计　斑蓝视觉

出版发行　现代教育出版社　邮　编　100011
地　　址　北京市朝阳区安华里504号E座
电　　话　010-64244729（编辑部）
　　　　　010-64256130（发行部）
传　　真　010-64251256

印　　刷　北京京华虎彩印刷有限公司
开　　本　720mm×1000mm 1/16
印　　张　13.5
字　　数　202千字
版　　次　2017年5月第1版
印　　次　2017年5月第1次印刷
书　　号　ISBN 978-7-5106-4864-9
定　　价　29.80元

序言一

东风随春自然归　发我枝上语文花

张小泉

教育兴，则国兴。特别是党的十八大以来，教育改革发展取得了令人欣喜的新成就。"优先发展"是中国政府颁布的面向 2020 年教育规划纲要 20 个字工作方针之首。尤其是教育规划纲要颁布实施 5 年来，我们欣喜地看到，围绕"培养什么人""怎样培养人"这一育人的核心命题，一系列政策措施密集出台，从中央到地方、从学校到家庭，全国各地掀起了一场以育人为本、全面实施素质教育为指针的教育改革。教育规划纲要颁布实施，让教育公平的求解之路逐渐清晰起来。在全民族对教育公平的深度渴望中，新一轮教育改革对公平原则的共识与践行，渐渐将教育公平"塑造"成一种让老百姓可感可近的关于未来与希望的温度。

教育，一头系着国运，一头连着民生。近年来，汉阴县委县政府高度重视教育工作，坚持教育优先发展，牢固树立和贯彻落实"创新、协调、绿色、开放、共享"的五大发展理念，全面贯彻党的教育方针，紧紧围绕提高教育质量这一战略主题，以立德树人为根本任务，以促进公平为基本要求，以优化结构为主攻方向，以深化改革为根本动力，以加强法治为可靠保障，加快推进教育现代化，为汉阴县全面建成小康社会发挥关键支撑作用，为教育筑梦者搭建梦想舞台，让有梦人都能梦想成真。

教研是提升教学质量的有效途径。教研作为教师教育的第一课堂，能帮助教师更新教育观念、充实教育理论，为新的教学实践做好理论上的支撑和储备，为新的教学理念、实践提供阵地和媒介。它在促进教育教学改革，培养青年教师，选拔学科骨干，全面提高教学质量等方面都具有不可替代的作用。要提高教学质量，必须加大校本教研力度。近年来，全县教科研工作始终按照"提高教育质量、提升教育内涵、提炼教育文化、提振教育精神"的工作思路，以提高教育教学质量为核心，坚持全面推进全县中小学学校教育科研工作，以促进教师专业化发展为重点，按照"研修、研训、研习齐创新，学校、教师、学生同成长"的教研理念，坚持做到"重心下移、专业引领、行为跟进"，切实将校本教研工作落到实处。各学校针对学校的实际情况、学科特点，积极倡导自主、合作、探究的多样化研究方式，搭建灵活多样的活动平台，让教师在教学中研究，在研究中反思，在反思中学习，在学习中提高。通过构建组织、加强制度、奖励促进等措施加强教研组建设，利用教研组这一阵地，通过教研活动这一载体，引领教师不断进行专业化训练，吸引一批人、带动一批人、激励一批人、提高一批人。

书香悠悠、幸福浓浓。2013 年 10 月，汉阴县实验小学正式将"自然语文"有效课堂教学改革实验作为安康市小学语文课堂教学改革重点项目。在省、市教研部门的指导下，针对语文课堂教学现状，课题组提出，语文教学要"追求朴素、本真、天成、含蓄；拒绝华丽、刻意、粗疏和张扬"，追求本色、纯真、质朴和关注生命成长的语文教育——"自然语文"。"自然语文高效课堂教学改革实验"经过 3 年的研究，其成果获得省市教研部门和多位知名专家的高度认可，在全市的小学语文教育实践与改革中产生了一定影响。

从昔日素质教育的高地，到如今改革发展的成绩斐然，从特色鲜明的汉阴教育校园生活，到丰富多彩的心灵成长，汉阴教育人用自己独特的教育追求，创造了新世纪蓬勃的事业；汉阴的教育管理者们，用自己全面的教育思考，营造起一方美丽的"自然语文"教育田园。汉阴县的自然语文教育改革的目的就是全面提升人的素质，新课程改革的灵魂是以人为本，它既强调教育教学向学生生活世界的回归和学生对学习过程的体验，也强调在教育教学中注重学生动手实践能力和创新精神的培养，关注学生个性发展。汉阴"自然语文"教育，开辟出教育发展的一片新天地；实施"科研工程"，让课改实践发生在教育的"田间地头"；借力、借智、借道，借来的是发展的智慧；改思想、改学生、改课堂、改教师、改管理，改变的是传统的积弊……

如何整体推进区域课改，汉阴"自然语文"教育的"试卷"给了我们圆满的答案。

"东风随春自然归，发我枝上语文花。"汉阴县的"自然语文"教育思想，以培养"自然语文"学生为目的、以打造"自然语文"教师为抓手、以塑造"自然语文"校长为策略、以构建"自然语文"校园为宗旨，点燃汉阴教育激情，构建汉阴大美教育，塑造汉阴教育品牌。汉阴县的"自然语文"教育定位于道德层面，与当下提出的立德树人、全面发展相吻合；定位于文化层面，与当下提出的文化育人相吻合。"自然语文"教育属道德范畴，与法制中国相辅相成，"自然语文"教育法律与道德是互相渗透，相互交叉的，法中有德，德中有法。"自然语文"教育着眼于学生的长远发展，着眼于学生的内涵发展，为学生的一生发展奠牢根基。"自然语文"教育是落实习近平讲话精神和传承中华传统文化的创新实践。

"道虽迩，不行不至；事虽小，不为不成"，只要我们信心满满朝前方，心往一处想，劲往一处使，就必定能汇集起不可战胜的磅礴力量，用我们的"自然语文"信心铸就汉阴教育梦！

序言二

自然语文赋

武宏钧

秦岭莽莽，汉水汤汤（shāngshāng）；自然语文，在水一方。文明交汇，汉阴源远流长；语体万殊，赓续自然文畅；三千里汉江，"风气兼南北"；百万年积淀，"语言杂秦楚"；寻根溯源，"道法自然"。泱泱华夏数千年，汉语发展日臻精。"经国之大业，不朽之盛事"，显自然语文之大用；"思接千载，视通万里"，展自然语文之浩瀚；"赏心乐事谁家院"，见自然语文之风流；"豪华落尽见真淳"，明自然语文之蕴藉。

真哉！自然语文，倡自然阅读，崇尚母语本源；兴自由习作，践行儿童本位；重自主体验，追求实效本真；引自能探究，注重学科本色。自然语文超越"我注六经"，发展"六经注我"，追求内心恬淡和宁静，研究思想自由与致远，寻觅万物和谐之体验。自然语文，百年弦歌不辍，薪火相传，谱写华章；自然语文，几代栉风沐雨，春华秋实，铸就灿烂。自然语文凝聚百年积淀；师道自然孕育着桃李满园。风景独好，桃李竞芳正兹时；硕果最丰，栋梁争茂唯此间。

善哉！自然语文，"道法自然"：语可语，非常语；文可文，非常文；教可教，非常教；课可课，非常课；师可师，非常师；学可学，非常学……自然语文："伊兹事之可乐，固圣贤之可钦。课虚无以责有，叩寂寞而求音。函绵邈于尺素，吐滂沛乎寸心。言恢之而弥广，思按之而逾深。播芳蕤之馥馥，发青条之森森。粲风飞而猋竖，郁云起乎翰林"。自然语文：本曰生态，教法自然；妙在点燃，技法自然；巧以唤醒，学法自然；伟在成长，师法自然。

美哉！自然语文，如桑前之所，泉后之宅；高朋座满，雅客常来；自然语文，如同窗旧交，忘机少艾；垂虹胸襟，捉月气概。自然语文，四季花开，万物生息，之美永恒！登堂入室，诗意栖居。播种和谐，收获文明；播种爱心，收获喜悦；播种智慧，收获成功。自然语文顺应自然之道，引领孩子们感受自然之美，融于自然之美；让人生充满自然之美，个性之美，和谐之美。自然语文处处美：美在见证历史升华历史；美在它源于生活高于生活；美在使人快乐使人悲伤。篇章华美为高贵之美，上口诗词为飘逸之美，方正楷书为刚毅之美，流泻行草为灵动之美，巧妙辩答为机智之美，激昂号召为正义之美，委婉劝诫为深沉之美，心灵沟通为实用之美。

妙哉！自然语文，为人师者，重在德贤。天下之乐在后，天下之忧在先。学问远争上游，播载物之理，学为人师；师德永居高处，传厚德之道，行为世范。教书育人，仁者展其怀，智者达其理，贤者抒其志，勇者伸其气，才俊满人间。自然语文，为传道者，励志当先。为师无凌云之志，岂可作鸿鹄高飞；为师无远大理想，何能登教坛高峰。"道虽迩，不行不至；事虽小，不为不成"。师志如石，可破不摧其坚；师志如丹，可磨不夺其赤。立志为师，当以圣贤为范：见贤思齐，闻过则喜；有教无类，不偏不倚；诲人不倦，苦心孤诣；安贫乐道，毕生奉献教坛。为授业者，教法为要。教若登山，教法乃绳，无绳则见山徒呼；教若渡河，教法乃舟，无舟则望洋兴叹。自然语文，重师德，铸师魂，重师能，塑师格。欲得教法，贵在辗转思索，由表及里，由浅入深，去粗取精，去伪存真，升华为理，循循善诱，发蒙启蔽。科学教法，贵在勇立潮头；独辟蹊径，智慧创新奉献；格物致知，教学相长；因材施教，人本为先。

伟哉！自然语文，为解惑者，理念至上，学而不厌，诲人不倦。教书育人，传道授业乐担当。五育并重，德育崇尚；自然智慧，教学相长。处穷乡而精进，结硕果于自强。璞石尽雕，师长潜心教席；纤尘不染，学子沉醉书香。诵读感悟，沐春风于大雅；经纶细绎，飞神思于华章。体验探究，展办学之特色；智慧高效，奏育人之笙簧。提升语文素养，丰富人生智慧，拓展人生境界。和谐育人，道法自然，人因文化而雅；科学发展，行于至善，自然和谐校园，文化因人而和；和谐自然育人，志在全省一流。厚德笃行，目标全国知名；通江达海，自然美好梦想；扬帆远航，全力打造上善理想教育。

美哉斯景，自然语文，文化校园，校兴国昌。通和煦之清风兮，采八面之晴光；著异域之霓裳兮，品四时之芳香。雅室花开，浓馨飘逸景苑；高楼泉鸣，妙曲净化胸膛。修学以折月桂兮，升级可至星罡；经商以赏梅兰兮，通财可达三江！

乐哉斯境，自然语文，云山苍苍，汉水泱泱。自然之风，山高水长。自然语文，让人向往，高山仰止，景行行止，虽不能至，心向往之。嗟乎！草木一秋，人生几载？每登高临远，观云望海，自然语文者必曰：自然语文者，洵为一泓清泉也，可逸致遣怀，天宽地广；呼为一缕清风也，可黼黻文章，襟怀坦荡。自然语文彰智慧，发酵旨在纳天之"精"，万物并育而不相害；自然语文之教学，细节意在吸地之"灵"，千法并行而不相悖。自然语文，上善若水，焉知其妙乎？

陕西省安康市教研室侯曙光先生给"自然语文"的题词

自然语文浸润人生，自然智慧装点生命。

汉阴"自然语文"教育思想聚焦语文核心素养，以培养"自然"学生为目的、以打造"自然"教师为抓手、以塑造"自然"校长为策略、以构建"自然"校园为宗旨，点燃汉阴教育激情，构建汉阴大美教育，塑造汉阴教育品牌。

"自然语文"教育定位于道德层面，与当下提出的立德树人、全面发展相吻合；定位于文化层面，与当下提出的文化育人相吻合。

"自然语文"教育着眼于学生的长远发展，着眼于学生的内涵发展，为学生的一生发展奠牢根基。

汉阴"自然语文"教育，开辟出教育发展的一片新天地。"自然语文"教育是传承中华传统文化的创新实践。

目　录

第一章　自然语文的文化源流

第一节　自然语文的文化源流

汉江，又称汉水，古时曾叫沔水，与长江、黄河、淮河一道并称"江河淮汉"。汉江全长 1532 千米，就长度而言为长江第一大支流，其发源地在陕西省西南部秦岭与米仓山之间的宁强县（隶属陕西省汉中市，旧称宁羌）冢山，而后向东南穿越秦巴山地的陕南汉中、安康等市，进入鄂西后北过十堰流入丹江水库，出水库后继续向东南流，过襄樊、荆门等市，在武汉市汇入长江。

汉江流域面积 15.1 万平方千米，涉及鄂、陕、豫、川、渝、甘 6 省市的 20 个地（市）区、78 个县（市）。流域北部以秦岭、外方山及伏牛山与黄河分界；东北以伏牛山及桐柏山与淮河流域为界；西南以大巴山及荆山与嘉陵江、沮漳河为界；东南为江汉平原，无明显的天然分水界限。流域地势西北高，东南低。地质构造大致以淅川—丹江口—南漳为界，以西为褶皱隆起中低山区，以东则以平原丘陵为主。

汉江，这条流淌在秦岭南麓的大江，即使在工业化空前的今天，它依然如诗画般的清澈、安宁、美丽。沿汉江而下，仍可见到许多中国传统文化对这里生活方式的影响。虽然用现代眼光看，汉江颇为沉寂，但正是这过于的沉寂使得它比中国其他许多河流更接近自然与人文的原生态。今天，随着南水北调工程的实施，汉江又一次在人们的视野中凸显出来。汉江是汉朝的发祥地。"大汉民族""汉文化""汉学""汉语"这些名称，都是因有了汉朝才定型的，而汉朝即得名于汉江，发源于汉中。刘邦登上皇帝宝座，便以其发迹之地来命名这个新建立的王朝。

人是万物之灵，民为邦国之本，厚德载物、太和博爱。五千年前的神农氏制耒耜，教民农耕；搭架采药，疗民疾患，一日而遇七十毒；制陶器，创纺织，兴集市，一心为民造福，"由是民居安食力，而无夭札之患，天下宜之"（《随州志》摘自通鉴前编等）。另据《史记·楚世家》记载，公元前 11 世纪中晚期，鬻熊被周王室封于楚，成为楚国的最早缔造者。鬻熊提出的治国之道就是"以民为本"。"春秋五霸"之一的楚庄王提出"民生""民欲""民和""和众"等治国方略，认为"民生在勤，勤则不匮"。楚国历史上第一位贤相令尹子文（斗觳於菟）提出"夫从政者，以庇民也"的执政方针。楚国另一位贤相孙叔敖也处处为民着想，一心为民造福，兴水利，救民困，"不得罪楚之士民"。正是在这些历史精英人物的身体力行和大力倡导下，重民、爱民在汉水文化理念中蔚然成风，形成强大悠久的传统。

在这里，汉水文化产生和繁育了中国第一国教——道教、世界文化遗产——中国道教圣地武当山、世界民间故事村——武家沟村、汉民族第一部神话史诗——《黑暗传》、第一个以"汉"命名并将"汉"字几乎覆盖所有中国文化事象的大汉朝，以及中国南方汉民族民歌村——吕家河村等古老文化化石和传统文化瑰宝。更有意义的是，作为史学界公认的文明出现的三大标志之一的城堡，汉水流域的湖北京山屈家岭文化时期的城址，是我国目前所知的最早的古城。愈来愈多的考古发现，雄辩地证明，汉水文化不仅是楚文化的摇篮，在整个汉文化中，它都有着举足轻重的地位。

提起汉水，人们都会不约而同地想起巍巍武当山和武当道教，是巍巍武当山和悠悠汉水直接承载和浇灌了中国道教，而中国道教也正是从这里兴起，然后播撒全国。道教文化精神的核心就在于"太和"！"太和"首先强调的是一种和，即崇尚天人合一，强调和谐——人自身的和谐、人与人的和谐、人与社会的和谐、人与自然的和谐。同时道家也追求贵人重生，要求世人关注苍生万有、热爱一切生命，普施人间大爱。其实，武当山的别名"太和"就是一个强有力的佐证。太，至高至大至重者也，和，和平和谐者也，"太和"，即至高至大至重的价值，就是和平和谐，此其一；如果直接按字面意思来解读，那么，"太和"，即太平和谐也，世界太平，社会和谐，此其二。在这里，道教把太和博爱、厚德载物的精神昭示得实实在在、旗帜鲜明！这种精神使汉水文化极富人文性与和谐性。

哲学精神是文化精神的灵魂。作为汉水文化哲学代表的道家文化除了被道教迷信化、宗教化的部分内容之外，其主流精神是指向独立性、求真性和科学性的。主要理由有：第一，从道家立家创派的宗旨看，把握自然社会和人生规律是其根本的目的。《汉书.艺文志》云：“道家者流，盖出于史官（记事之官），历记成败存亡祸福古今之道，然后知秉要执本，清虚以自守，卑弱以自持，此君子南面之术也。”第二，从道家的创始人老子对“道”的定义上看，道家的根本目标也是要把握自然社会和人生规律的。道家认为，道是自然宇宙和人间社会最高的法则：“人法地，地法天，天法道，道法自然。”“道可道，非常道；名可名，非常名。无名天地之始，有名万物之母。”“道生一，一生二，二生三，三生万物。”“道为万物之所从来者，德是万物之所以为万物者。”在这里，道是世界的本源，也是宇宙运行的总规律。作为前者，道生万物；作为后者，道法自然。第三，与中国主流代表文化儒家相比，道家更富于批判性、叛逆性、挑战性和标新立异性，总是“反”字当头，“异”字领先：反传统、反世俗、反权贵、反压迫、反权威、反异化。例如：在功用上，儒家的积极进取、脚踏实地、建功立业的壮志情怀是中国人在艰难的人生道路上挣扎的精神动力；道家委运乘化、投身自然、隐逸出世、不求闻达的思想则是中国在人生战场上掩护退却的盾牌。儒家激人奋发向前，“知其不可而为之”，强调责任感、义务感、使命感；道家要人安于现状，随遇而安，听天由命，知其不可而安之若素：“知其不可奈何而安之。”强调人的自然性、自由性、自在性。在表现形式上，所有的中国人在成功时是儒家，失败时则是道家。在心理和灵魂的构成上，儒家及道家是中国人灵魂的两面，前者使中国人成了好商人——斤斤计较；而后者则使中国人成为大诗人，富于幻想，使中国成为诗的国度。在精神取向上，可以说，儒家肯定着追求，道家肯定着放弃；儒学是进取奋发的哲学，道家则是退守自保的哲学；道家的精神实质在于放弃，也即道家所标榜的倾向自然、投入自然、回归自然的自然追求。在文化传统构成上，林语堂认为：一个民族常有一种天然的浪漫思想，与天然的经典风尚，个人、文化思想亦然。孔教为中国文化思想之经典派，道家哲学则为中国文化思想之浪漫派。在哲学的出发点上，儒家重人事，着重于探讨社会人生的规则规律，其以礼为行为规范，以仁为核心内容，以义为人格理想，企望建立一个和谐的大同世界；道家则崇天道，着重探讨解破自然宇宙的奥秘，其以自然为行为规范，以道为核心内容，以自由逍遥为人生的理想境界，企求回归到人类的童年时代，即小国寡民，无知无欲，无礼无法，朴纯自然的原始混沌状态。儒家崇尚文饰、文明，道家伍自然。服饰上，儒家峨冠博带、文质彬彬、斯文有礼，道家则一无所忌，一任自然。儒家创造社会文明体制，礼义制度，道家全盘否定人类的一切文明礼制。儒家尚刚强，道家贵柔弱。道家处处都在标新立异，处处都在挑战权威，处处都在昭示着高度的独立自持和自尊自信！这种独立求真、探索真理的精神使汉水文化极富挑战性和反叛性、自由性和独立性。

安康文化是汉水文化中极具代表性的部分。安康特殊的地域，尤其是历史上的移民活动，使安康在与周围多元文化相交相切中，交汇融合、嬗变成一个独具特质的区域文化。安康曾是古代巴国之地，又是蜀国的属地，巴蜀文化奠定了安康文化最早的基因；汉水流域是荆楚文化的摇篮，也是荆楚文化的根基。荆楚文化对安康人文的漫长浸润，在安康的风俗民情、人格心理中注入了更多的秦风楚韵；秦文化、中原文化，乃至羌氐文化，也为安康文化增色添彩。兼收并蓄，集万花于一束，熔众家为一炉，风气兼南北，语言杂秦楚，这使安康文化既有巴蜀之雄浑刚强，又有荆楚之柔媚清丽，也有三秦之古朴粗犷，还有中原文化的质朴通达；既沉实稳重又洒脱灵秀，既飘逸浪漫又憨厚野朴。刚而不烈，柔而不软，兼具四方气脉而又独具风韵和骨质。这些特色不仅表现在文学、书法、雕刻、古建筑、古文化遗址上，更表现在非物质文化遗产的各门类中：汉调二黄、紫阳民歌已于 2006 年被列入第一批国家级"非遗"名录，小场子、八岔戏、安康道情、龙舟节等已被列入第一批省级"非遗"代表作名录。绚丽多彩、鲜活质朴的安康文化正魅力四射。"自然语文"便是在当代汉水文化的孕育中盛开的一朵教育奇葩。

一、中国传统教育文化的源流

中国教育开始于中国古典著作，而不是宗教组织。早期中国任用受教育的官员管理国家，用来选拔官员的科举考试制度建立于隋朝，唐朝的唐太宗完善科举制，之后各朝一直沿用直到清朝末期的 1905 年才被废除，代之以西方教育方式。

中国古代教育在夏代，就有了正式以教为主的学校，称为"校"。孟子说："夏日校，教也。"到了商朝，称为"庠"，到周则成为"序"。"序"又分"东序""西序"，前者为大学，在国都王宫之东，是贵族及其子弟入学之地；后者为中学，在国都西郊，是平民学习之所。商代生产力日益发展，文化日趋进步，科学日渐发达，因之学校又有增加，称为"学"与"瞽宗"。"学"又有"左学""右学"之别，前者专为"国老"而创，后者专为"庶老"而设。国庶之界在于贵族与平民。"学"以明人伦为主，"瞽宗"以习乐为宗。

西周是奴隶社会鼎盛时期，学校组织比较完善。当时分为国学与乡学两种。国学专为贵族子弟而设，按学生入学年龄与教育程度分为大学、中学两级。乡学主要按照当时地方的行政区域而定。因地方区域大小不同，亦有塾、庠、序、校之别。一般情况下，塾中优秀者，可升入乡学而学于庠、序、校；庠、序、校中的优秀者可升入国学而学于大学。国学为中央直属学校，乡学是地方学校。

春秋战国时期，官学逐渐为私学替代，出现新兴阶层"士"，秦始皇统一六国文字，提倡"以吏为师，以法为学"。西汉官学重新恢复发展，汉武帝采纳董仲舒的主张，"罢黜百家，独尊儒术"，在长安兴建太学，置《诗》《书》《礼》《易》《春秋》五经博士为教官，招收博士弟子，年龄在 18 岁以上。汉平常时，规定郡、国设学，县邑设校，乡聚设庠、序。校学设经师一人，庠、序置《孝经》师一人。魏晋南北朝时，晋武帝在太学外另设国子学。唐代书院，分官、私两类。私人书院最初为私人读书的地方，唐贞观九年(635 年)设在遂宁县的张九宗书院，为较早的私人书院。官立书院最初为官方修书、校书或偶尔为皇帝讲经的场所，唐玄宗开元六年(718 年)将乾元院改名为丽正修书院，开元十三年又改为集贤殿书院。真正具有聚徒讲学性质的书院于五代末期基本形成，主要用于培养学生参加科举考试。北宋初年，私人讲学的书院大量产生，陆续出现白鹿洞、岳麓、睢阳（应天府）、嵩阳、石鼓、茅山、象山等书院。其中白鹿洞、岳麓、睢阳（应天府）、嵩阳书院并称为中国古代四大书院。到宋仁宗末年，北宋前期较有影响的书院全部消失。熙宁四年（1071年）朝廷直接向州学派出教授，以削弱书院和县学，熙宁七年将有教授的州中书院并入州学。南宋初期，张栻、朱熹、吕祖谦、陆九渊等学者开始修复书院，并使其为学派活动基地及讲学的场所。宋理宗（1224—1264年）即位后，将理学定为正统学说，书院教育作为朱熹等理学大师的遗产被官府继承。自景定元年（1260年）起，只有正式通过科举考试或从太学毕业的官员才能成为各个州的书院山长，朝廷借此以控制书院。

元至元二十八年（1291年）元世祖首次下令广设书院，民间有自愿出钱出粮赞助建学的，也立为书院。后多次颁布法令保护书院和庙学，并将书院等视为官学，书院山长也定为学官，是书院官学化的开始。元代将书院和理学推广到北方地区，缩短了南北文化的差距，并创建书院296所，加上修复的唐宋旧院，书院总数达到408所。但受官方控制甚严，无书院争鸣辩论的讲学特色。

明初时，宋、元留存的书院，多被改建为地方学校和社学。成化、弘治以后书院逐渐兴复。嘉靖十六年（1537年）明世宗以书院倡邪学下令毁天下私创书院。嘉靖十七年他以书院耗费财物、影响官学教育再次禁毁私人书院。直到嘉靖末年，内阁首辅徐阶提倡书院讲学，书院才得以恢复。万历七年（1579年）张居正掌权，在统一思想的名义下下令禁毁全国书院。其去世后，书院又开始盛行。天启五年（1625年）魏忠贤下令拆毁天下书院，造成"东林书院事件"。崇祯帝即位后书院陆续恢复。期间书院总数达到2000所左右，其中新创建的有1699所，出现了陈献章、王守仁等学派。明朝的书院分为两类：一种是重授课、考试的考课式书院，同于官学；另一种是教学与研究相结合，各学派在此互相讲会、问难、论辩的讲会式书院。后者多为统治者所禁毁。

清初统治者抑制书院发展，使之官学化。顺治九年（1652年）清政府明令禁止私创书院。雍正十一年（1733 年）各省城开始设置书院，后各府、州、县相继创建书院。乾隆年间，官立书院剧增。绝大多数书院成为以考课为中心的科举预备学校。至光绪二十七年（1901 年）则令书院改为学堂，书院就此结束。清代书院分为三类：其一是中式义理与经世之学；其二是以考科举为主，主要学习八股文制艺；其三则是以朴学精神倡导学术研究。

中国教育学科的近百年发展大致分为两大时期，两大时期又可根据教育学科发展呈现出的基本状态和主要特征分为六个阶段。其中出现过三次历史性中断和三次大的转向。

第一阶段从 1901 年到 1919 年（或 1915 年）。从翻译、介绍日本学者编写的教育学史，到国人自己编著教育学呈第一次高潮止。这是直接向日本"引进"，以介绍赫尔巴特教育理论为主的发展阶段，是近代教育学在中国的初建阶段，也是中国传统教育思想研究与教育学科建设中断的开始。

第二阶段从 1919 年到 1949 年。这是中国教育学界由向日本学习转为向欧美学习的阶段，也是中国教育学界开始形成教育学研究的专门队伍和代表人物，同时出现结合中国教育实际与问题展开独立研究的阶段。这一阶段总体上可称为积聚和建设的阶段，可视为引进方向的第一次整体转向。

第三阶段从 1949 年到 1957 年（或 1956 年）。这是教育学界批判杜威、批判新中国成立前国内"资产阶级教育思潮"的时期，也是全面引进苏联教育学科领域教科书的时期。此阶段发生了"引进"方向的第二次整体转向，由学西方转向学苏联。

第四阶段从 1957 年到 1966 年。本阶段以 1958 年的"教育革命"为重要事件，出现了教育学作为党的教育方针、政策解释和毛泽东有关教育语录的诠释的独特意识形态化的现象。第一次出现所谓"教育学中国社会主义化"的努力。可称为教育学科由外学转为向内树的第三次大转向。

第五阶段从 1966 年到 1976 年。"文化大革命"使教育学领域遭受毁灭性破坏，是十分严重的第三次中断时期。

第六阶段从 1977 年至 2000 年。总体而言，这一阶段学科建设不断加强，学术观点趋向多元，学术视野日渐拓展，国际交流日益加强，且形成了教育学科的当代体系。中国教育学科建设因"元研究"的出现而开始进入"自为时期"。这是中国教育学科建设从恢复到繁荣并开始走向独立化的时期。

19 世纪末期，特别是 20 世纪以来，由于科学技术的发展对培养人才的需要，为了克服班级教学的缺点，适应学生的个体差异，出现了分组教学甚至个别教学等组织形式。这样做的结果导致又出现了新的问题，如给不同类型的学生尤其是差生的心理上造成不良影响等。因此现在采用的班级课堂教学，要求教师对全班学生负责，同时也要对他们因材施教，辅以分组教学和个别教学，使全体学生都能得到发展。

二、国外教育文化的源流

随着资本主义工商业的发展和科学技术的进步，教育对象范围的扩大和教学内容的增加，就需要有一种新的教学组织形式。16 世纪，在西欧一些国家创办的古典中学里出现了班级教学的尝试。如法国的居耶讷中学，分为十个年级，以十年级为最低年级，一年级为最高年级，在一年级以后，还附设二年制的大学预科。德国斯特拉斯堡的文科中学，分为九个年级，还设一个预备级，为十年级。与此同时，天主教设立的耶稣会学院，也实行班级教学，分为初级和高级两部：初级部又分为五个年级（其中五年级为两学年），共六学年；高级部一般为三个年级。还在章程中详细规定了每月、每周的教材内容和每天的时间表。这些都是班级教学的萌芽。17 世纪，捷克教育家 J.A. 夸美纽斯总结前人和自己的实践经验，将班级教学在其所著的《大教学论》（1632 年）中加以论证，从而奠定了班级教学的理论基础。此后，班级教学在欧洲许多国家的学校逐步推广。中国采用班级教学最早的雏形，是始于同治元年（1862 年）清朝政府在北京开办的京师同文馆。20 世纪初废科举、兴学校以后，开始逐步地在全国采用班级教学的组织形式。

三、自然语文的哲学根源

教育，更多的是一种精神传递，这应该是当今时代从事教学工作必须确立的角色理念。教学也好，教育也好，传递什么，怎样传递，怎样使这种传递真正促进孩子的发展，这是我们必须不断思索和探究的。苏霍姆林斯基说："让学生体会到一种自己在亲身参与掌握知识的情感，乃是唤起少年特有的对知识的兴趣的重要条件。"学生学习的主要目的已经不反是学以致用，而更是在于学习过程的本身。教育的人本功能就在于使学生通过学习而成为一个聪明的人，文明的人，有高尚精神生活的人。

纵观新中国教育教学的发展历程，它的人文底蕴流失，非人文的倾向并非"一日之寒"。新中国成立以来，语文教育受到的戕害最深，充满人性之美，富有情性之趣的语文变成枯燥乏味的技艺之学、知识之学，乃至应试之学。长期以来，教育界在"工具论"视界下，把学科基础理论研究视为形式主义，走过场，不尊重客观规律，从概念出发，华而不实，不是"实实在在的事情"，劳而少功，劳而无功。语文界推崇的是有"实效"的语文知识的传授与能力的训练，注重的是所谓"效果最好，效率最高"的"教法"研究，这使语文教育科研陷入盲人骑瞎马的糊涂境地，掉入经验主义，行为主义，科学主义的陷阱。"有用性、功利性"原则对语文教育肌体的侵蚀，对学生的灵魂造成致命的戕害；与此同时，教师在这样的大氛围中也逐渐身不由己，放弃了独立思考和教育反思的权利，丧失了思考的机能；受此影响而呈现的语文课堂"虚、闹、杂、碎、偏"大行其道，学科教学失去了本应该有的"实、静、真、素、美"。很大程度上，教育背离了教育的自然之道，背离了人成长的自然之道。

除此以外，对于"自然"的认知与阐述还体现于以下几种主张之中。

1.墨子的主张。墨子认为，人的知识来源可分为三个方面，即闻知、说知和亲知。闻知又分为传闻和亲闻两种。墨子非常重视知，他把知的过程分为"虑""接""明"三个步骤。"虑"是人的认识能力求知的状态，即生心动念之始，以心趣境，有所求索。"接"，是指让眼、耳、鼻、舌、身等感觉器官去与外物相接触，以感知外物的外部性质和形状。而人由感官得到的知识还是初步的、不完全的，还必须把得到的知识加以综合、整理、分析和推论，方能达到"明"的境界。总之，墨子使"自然"认知之意第一次在认识论领域中独树一帜。

2. 存在主义的主张。"自然"完整的哲学语义，出现在克尔凯郭尔的表述中，用来阐述"存在"的几种方面——昔在，今在，自然。其中，"自然"表存在。

3. "新法国哲学"的主张。新世纪，"新法国哲学"针对扁平世界的虚幻感，对自然的重要性进行了发挥和进一步论述，提出"自然决定人的存在"。

四、从自然文学到自然语文

自然文学在我国古代文学史上有着丰富多彩的内容、非凡卓越的成就。最著名的代表就是田园诗派和山水诗派。

田园诗派是中国古代诗歌的一个流派，其中最重要的代表人物为东晋诗人陶渊明。陶渊明是田园诗派的开创者，他的诗作及艺术对后世产生了深刻的影响。特别是他写的田园诗，自成流派，一直影响后世诗人创作的发展。陶渊明的诗大部分取材于田园生活，来源于他对田园生活的深切感受，有的接近口语，有的近似歌谣，有的直抒胸臆，直接表明作者热爱躬耕生活之情。语言平淡而自然，朴实而又毫不缺乏色彩，给人一种清新、淳美的感觉，诗情画意的感受。

山水田园诗派以孟浩然、王维为代表，此外还有柳宗元、储光羲、常建、祖咏、裴迪、綦毋潜等人。他们继承晋、宋以来陶渊明、谢灵运、谢朓等人的田园诗、山水诗的创作传统，形成了具有共同题材内容和相近艺术风格的诗歌流派。他们的诗歌描绘自然山水和田园风光，表现返璞归真、怡情养性的情趣，抒写隐逸生活的闲情逸致。他们的诗歌风格清新自然，意境淡远闲适，写景状物工致传神，提高了诗歌表现自然景物的艺术技巧，是唐诗艺苑中的一枝奇葩。

孟浩然是与王维齐名的盛唐山水田园诗派的代表人物，是唐代第一个大量写作山水田园诗的诗人。他的诗歌以山水诗居多，或写游历所见各地山水景色，或写家乡自然风光。其中往往在抒写孤高的情怀中夹杂着失意的情绪，在以景自娱中融入旅愁乡思的情怀。如《宿建德江》《临洞庭湖赠张丞相》《江上思归》等。他也有部分田园诗是写隐居生活的高雅情怀和闲情逸致。如《过故人庄》《游精思观回王白云在后》等。

孟浩然山水田园诗的艺术风格大多是平和冲淡，清新自然，不尚雕饰，而又能超凡拔俗。沈德潜评论说："孟诗胜人处，每无意求工，而清超越俗，正复出人意表。"（《唐诗别裁》）闻一多说："淡得看不见诗了，才是真正孟浩然的诗。"（《唐诗杂论》）他的田园诗写得平淡自然、质朴真淳，富有生活气息，如《过故人庄》农家的淳朴生活和乡村的自然景色，在淡淡的笔墨中都表现得十分自然而亲切，深受陶渊明的诗风影响。但孟浩然的山水诗也有写得气象雄浑、境界阔大的，如《临洞庭湖赠张丞相》。孟浩然的诗歌语淡而味浓，正如沈德潜所论："襄阳诗从静悟得之，故语淡而味终不薄。"（《唐诗别裁》）他的诗歌善于运用平淡的语言，融入个人的主观感受和情感意蕴，创造出清远拔俗的艺术境界，蕴含着浓厚的诗歌情致韵味。

王维山水田园诗的艺术特点是诗情与画意的高度统一。苏轼曾评论说："味摩诘之诗，诗中有画，观摩诘之画，画中有诗。"（《东坡志林》）他善于发现和捕捉自然景物的形象特征和状态，以画家的绘画技巧去构图和选择色彩，并将诗人对自然的独特的情感体验和审美感受及精神境界融入景物之中，创造出优雅秀美的艺术境界。其中有些诗更在幽邃、寂静、空灵的艺术境界中，直接透入了禅宗佛理的观照，是禅意、禅趣在诗境中的艺术体现。王维的山水田园诗，既有陶渊明诗歌的浑然天成的艺术境界，也有谢灵运诗歌的细致精工的刻写。语言清新明快，洁净凝练，是朴素平淡与典雅秀美的完美结合，具有极强的艺术表现力。

柳宗元的山水田园诗，善于表现孤峭高洁的境界，寄托精神上深刻的痛苦，在艺术上很有特色，如《溪居》：久为簪组累，幸此南夷谪。闲依农圃邻，偶似山林客。晓耕翻露草，夜榜响溪石．来往不逢人，长歌楚天碧。诗意于表面的自在恬然中，流露出内心的孤独，而"长歌楚天碧"的结句，更是刻画出清寂幽独的诗境。又如《渔翁》：渔翁夜傍西岩宿，晓汲清湘燃楚竹。烟销日出不见人，欸乃一声山水绿。回看天际下中流，岩上无心云相逐。这首诗描写渔翁的清雅脱俗、飘逸潇洒，是一首诗意清朗、意境旷远的佳作。但诗中的描写，滤尽了一切其他的人迹，仿佛青山绿水之间，唯有一位高逸潇洒的渔翁，就是"晓汲清江燃楚竹"一句，写渔翁汲江永炊饭，也脱尽了一切的烟火气，这就把渔翁的脱俗写到无以复加的程度，而离尘绝世的冷峭也就隐然透露于笔端了。再如《江雪》：千山鸟飞绝，万径人踪灭.孤舟蓑笠翁，独钓寒江雪。诗中为大雪所覆盖的江山大地，既无比纯洁，又不无肃杀，一个"绝"，一个"灭"，都凸现出环境的严寒寂寥，而寒江上孤舟独钓的蓑笠翁，不正是作者孤高芳洁的心灵的象征吗！此诗气氛清寂寥迥，意趣高卓，是柳宗远山水诗风格的典型代表。

柳宗元与王维、孟浩然、韦应物并称为山水田园诗的四大家。他们为我国自然文学的创作做出了卓越的贡献。

程虹教授是当代中国研究美国自然文学的专家学者，通过其出版的专著《寻归荒野》《宁静无价》《美国自然文学三十讲》，为中国人打开了一道研究自然文学的大门，使大家得以看到无边无际的、精彩绝伦的自然风景。她是中国研究自然文学领域首屈一指的专家，为中国文学指引了一条前程似锦的阳光大道，堪称引领新文学新思想的精神导师！

自然文学是1980年后美国文坛兴起的新流派，按照程虹的定义，它是"从中探索人类心灵与地理图谱相依附的文学，是将自然史和人类发展史融合在一起的文学"。其中公众较为熟知的作品，是梭罗的《瓦尔登湖》。其实，自然文学就是关于大自然的文学，只有脱离了战争趣味和低级趣味的人才可能创作出怡情养性的自然文学。人类总是忙于没完没了的各种事务，只是在累了、倦了的时候才想起到大自然中放松一下紧张的神经。少数有了顿悟的人逃离纷扰烦忧的社会，跑到寒山或者其他类似的地方，忘掉名姓，重新体悟人生！文学是人类的一项创造发明，恐龙时代就没有留下任何文学作品。人类本身来自于大自然，当心灵触动而回顾大自然这位默默奉献的母亲时，感恩之情如滔滔江水绵绵不绝，希望借由创作自然文学文本互相交流，唤醒同类感恩的心！

没有人类以前，大自然已经存在许多年，根据祖先的遗迹和恐龙同时代的娃娃鱼的微笑考证，恐龙就曾经在人类之前创造过一个时代的辉煌！深入研究大自然的历史和奥秘的工作可以推给科学家，文学家把关注的重点放在人类和自然之间就好：文学受益于科学，却不能代替科学。研究人类在大自然中的位置和作用是自然文学很好的方向，用大自然的自然规律考证人类的发展正道，矫正人类的肆意妄为，这样的自然文学意义重大必会大放光彩。承袭古罗马文明的欧洲文明人在文明发展了两千年以后，一部分人厌倦了战争和伪善的人际关系，漂洋过海寻找新的理想国度和希望。美洲是欧洲人发现的新大陆，也是一处适合诗意栖居的世外桃源，原住民过着与世无争的美好生活，没有探访欧洲、讨论战争史的野望。外大陆移民建立的国家不可避免地移植了一定的欧洲文明传统，只有童心未泯的正直的文人作家坚守探索和谐世界的初衷，历经几个世纪陆续创作了很多自然文学作品。美国自然文学中说的"自然"主要是指存在于美洲大陆的大自然，视角大多来自于反客为主的美洲以外大陆的移民，原住民印第安人创作的文学作品并不多见。20 世纪 80 年代起，美国大学普遍开设了一门"自然文学"课程，自然文学作为一支文学流派，开始被承认和接受。在这个新领域中，汇集了 18 世纪以来对自然情有独钟的作家及其作品：梭罗的《瓦尔登湖》、缪尔的《夏日走过山间》、利奥波德的《沙乡年鉴》……自然主义创作在美国 20 世纪文学历史不同时期的出现表明，它作为一种重要的文学运动不仅生存下来，并且在 20 世纪美国文学中形成一个创作传统，反映了现代美国生活各个历史阶段的主题。作为在文化体系中最高层次的大众意识核心，它所蕴含的社会价值观也并非美国 19~20 世纪之交的偶然社会文化现象，而且随着自然主义文学的传承贯穿于整个 20 世纪的美国大众意识之中。

自然文学的作品有一个形式上的特点：以第一人称，用散文、书信、日记等形式描述对自然的真实体验。作者往往用优美细腻的文笔，以亲身的观察和经历，描述大自然的丰富旖旎、波澜壮阔。比如梭罗的《瓦尔登湖》，就是把大自然变成生活的试验场，他告诉人们，大自然是人类精神的栖息地。

新中国在 21 世纪之交的二十多年间，伴随着工业化的深入发展，出现了一批

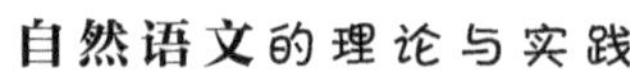

生态文学作品，为国人保护被工业文明破坏的生态环境敲响警钟。率先进入工业社会的西方发达国家，这样的警钟早已长鸣！生态文学一般是大自然的"伤痕文学"，用以提醒人类及时反思自己的过错，让生态回到自然而然的正确道路，尽量避免重蹈恐龙灭绝的命运。环境是一个比较大的概念，包括自然环境、社会环境、心理环境、甚至于梦里的映像环境。所以，环境文学的概念不能明确凸出大自然的重大意义。"环境"是被动的，有了人才有环顾四周的环境。自然是主动的，不管有没有人类，自然始终在那里。

自然文学是人类了解、感受大自然的文学，作家往往逃离人际关系复杂的社会环境，到一个人迹罕至的地方，重新开辟一个世外桃源一样的环境，升华人类的思想。人类离不开草木鸟兽，草木鸟兽绝迹的灾难也会吞没幸福的人类。万物生，人类生；万物荣，人类荣！人类和谐必须融入万物和谐的自然天道之中！

五、自然语文的语义阐释

"自然语文"，指让学生自然"存在着"的课堂；这种存在，学生是"活"的，不是"死"的；学生是主打者，不是旁观者、局外人、游离者、眼高手低者。

这种"活"，包含很多方面，大致有以下几种。

1. 激情的"活"——全身心投入、激情充溢的状态。"自然语文"，是动起来的课堂，是沸腾的课堂；要通过各种手段和设计，让课堂沸腾起来。这种沸腾不光是指形式，更是指思想、情感、语言的沸腾和高速运转。

2. 潜能的"活"——潜能开发的高效与愉悦状态。这种潜能开发的高效与愉悦，需要"自然语文"通过各种手段，让学生处于充满享受的状态，这种状态，用尼采的话来描述，就是"沉溺并享受着"。

3. 知识的"活"——知识根性和骨性得到磨砺的状态。自然语文要求通过各种手段，让学生沉浸在文化、文学、思想和情感的张力中，使其不知不觉中有慧根和灵苗形成。

4. 效果的"活"——当堂有收获的学习要求。自然的课堂，要求通过各种手段，让学生当堂习得和实践，根除旁观、冷漠、眼高手低的"平面学习"状态，具有当堂有收获或当堂过手的学习效果。

六、自然语文的教育理由

（一）现代教育的呼唤实际上是"自然"在呼唤

1.现代教育的本质，要由"自然"来保证。现代教育的本质，就是"变态"——改变受教者的原生态，使肤浅者变得深刻，使单薄者变得渊博。这种本质，要求受教者首先得是一个亲自的存在品，如果游离，效果就会大打折扣甚至无效果。因此，自然显然就成了现代教育的本质是否存在的强力保证。

2.现代教育方式的达成，要由"自然"来保证。现代教育的本质是"变态"，其"变态"的方式有两种——自然教育和修正教育。这两种方式，本质上都要求受教者有"底线式的自愿"——是一个自然的容器或具有主动的"触手"。

从本质和方式上看，"自然"既是途径，又是终极目的。

（二）教育的本质，直抵"自然"

从扁平世界的语言环境来看，所有优异学习行径，本质上无外乎是"体"和"用"二字。"体"，包括体认、体验、体悟（即识得、习得、悟得）；"用"，包括储存后的调用、仿用、化用、活用等等。"体""用"，从本质上讲，是要求学生"入境"，即都要求直抵"自然"。

（三）动态课堂，呼唤"自然"

"自然"的主要走向是动态课堂。所谓动态课堂，是相对静态课堂而言的。静态课堂，指的是以听觉为主其他感官为辅的课堂形式；动态课堂，是指"多道协同"的课堂形式——耳、眼、口、鼻、肤、心等各种感官一同进行的课堂形式。

1."在状态"的"动态课堂学习"呼唤"自然"。静态课堂，学生听教师讲，往往容易产生旁观、局外人的现象，出现"不在状态"的结果；"在状态"的学习，呼唤学生积极参与、全身心融入，呼唤学生"亲自在场"，即克尔凯郭尔所说的"存在"。

2."记忆长度"呼唤"自然"。许多学者认为，新时期教育论著的最高标杆是德洛尔等推出的《教育——财富蕴藏其中》一书，书中提出，教育的四大支柱之首是"学会认知"。施洛等就此认为，高效课堂的首要标志，显然是学生的认知具有"记忆长度"，而不是短记忆，甚至很快就忘记。如何才能使学生的记忆有长度呢？教育的脑科学讲，最好的记忆是"情绪记忆"（让学生在情景中不知不觉就记住了一些东西，且不容易忘记，甚至终生难忘），这种情绪记忆的需求，显然呼唤"自然"的参与。

3.自然转化呼唤"自然"。认知理论认为，要把认知变成本能，有自然转化和机械转化两种方式。其中，机械转化效果差、保质期短；自然转化效果好、保质期长。有自然因素的动态课堂，往往容易出现自然转化；缺自然因素的静态课堂，机械转化往往是常态。

4.潜力激活呼唤"自然"。一个人的潜力，只有在压力和激励下才能完全被激活。自然的课堂，就是一个亲自体验的压力与激励齐具的历程。

七、自然语文的教育理论基础

1.马克思主义的发展观。人的本质是人的自然属性、社会属性和精神属性的统一。人的全面发展并非德、智、体、美、劳等各方面的平均发展，机械相加，而是需要对其进行整合、重组，使得人的自然属性、社会属性和精神属性自由地、充分地、和谐地、统一地发展。

2.自然语文场景德育论。主体通过实践遭遇的生活情境，触动人的认知与情感的交互作用机制，经历人的生活历史积累，保持良好习惯养成的德育过程。其主要观点有：人的文化基因是在人—域关系环境中获得的；重视主体的第一次体验；习惯培养应注重在最短时间周期内强化，并在公共资源中养成。

3.自然社会间苗理论。脑神经和心理学研究表明，零岁到十七岁的孩子，脑神经的联络经过了原始的吸收到丰富再回到定型后的吸收的过程，具体来说，零岁到六岁是一个由稀疏到丰富的过程，由六岁到十七岁是由丰富到稀疏的过程，哪些东西被保留下来？只有那些养成习惯、得到强化的、经过练习的东西才被保留下来，这个过程称为社会间苗理论。

4.自然语文环境论。长期以来，我们一直认为人既是环境的产物，也对环境进行改造，人与环境是互相作用的。人的发展打上了环境的烙印，环境也是人的发展水平的物化表现。学生发展的外部环境是学生发展水平的重要制约条件，通过创造环境条件，使学生自身产生"顺应"和"平衡"的内部发展需要的内在机制，并通过它实现发展。而在人性显现方面，我们认为，可分为"应然"人性假设和"实然"人性假设，"应然"人性假设是指通过"生命教育"应该实现的一种人的品性与品质，我们设定为"慧中秀外"；"实然"人性假设是指现实中的学生是一种什么样的人，我们设定为"反应人"，即学生是在与环境相互作用下的对象物与反应物。

八、水源在孕育自然语文中的作用

人类的起源离不开水。我国的黄河、长江，中亚的两河，非洲的尼罗河与南亚的印度河诞生了人类四大古老文明。汉江处于巴蜀、荆楚、秦陇和中原的接壤处，因其特殊的地域，成为黄河流域与长江流域文化的交汇区，《尚书》《诗经》《左传》《楚辞》等都有关于汉江的记载。《水经注》更是以"江河淮汉"把它与长江、黄河、淮河并列。"风气兼南北，语言杂秦楚"，汉江文化因其多元性和包容性，展示着鲜活的生命力。巍峨的秦岭和延绵的大巴山如两道突兀的屏障，将我国两大流域长江与黄河神奇划开。于两道古老的山脉之间，汉水从一座隐没于云雾的嶓冢山峰溶洞汨汨而出，滴水穿石，九曲回肠，流淌三千余里，历经陕、豫、鄂三省50余县市，在武汉汇入滚滚长江。

淮河，位于中国东部，介于长江与黄河之间，是中国七大河之一。古称淮水，与长江、黄河和济水并称"四渎"。淮河发源于河南省南阳市桐柏县西部的桐柏山主峰太白顶西北侧河谷，干流流经河南、安徽、江苏三省。春秋时的地理著作《禹贡》记载："导淮自桐柏，东会于泗、沂，东入于海。"古淮河在盱眙以西大致与今淮河相似，至盱眙后折向东北，经淮阴向东，在今涟水县云梯关入海。古淮河并没有洪泽湖，干流河槽也较宽深，沿淮无堤。历史上的淮水是一条独流入海的河流。在商代的甲骨文和西周的钟鼎文里就有"淮"字出现，淮河文化和齐鲁文化、楚荆文化、吴越文化并立而互相渗透，各具特色，影响深远，是炎黄文化的重要组成部分。

一方水土养一方人。三千里汉江，百万年历史积淀，是黄河文明与长江文明交汇点，由此形成的汉江文化在新世纪凸现的价值是我们的关注点，是我们的新期待……四千里淮河，各种不同文化在此碰撞、交流，淮河文化作为在融合中原文化、吴楚文化基础上形成的一种区域文化，具有兼容性和过渡性的特点，孕育出了中华文化奠基人的老子、庄子、管子、颜回等先哲，以及"三曹父子""竹林七贤"等文学艺术的巨擘。

淮水是古代老庄哲学的发源之地，汉水则孕育了"太和"哲学的道家智慧。汉阴文化与汝阴（阜阳古代称"汝阴"）文化并蒂花开，以汉阴名师实验小学温涛为代表的名师工作室团队与阜阳市徽派语文名师武宏钧为代表的语文名师工作室团队，经过智慧的交流与思想的碰撞，孕育了当代的"自然语文"文化。3000 里汉江，4000 里淮河，他们孕育的当代自然语文文化的智慧花朵，正并蒂怒放。

第二节　自然语文的初始探究

汉阴地处秦头楚尾，聚雄秦秀楚丽蜀于一地。这里，有孔子高徒子贡南游的脚印；这里，有三沈（沈士远、沈尹默和沈兼士）伯仲寒窗苦读的身影。汉阴县实验小学（简称"实小"）处凤凰山麓，枕月河之水，承载千年秦楚文化，融多方教育理念，具有秦风楚韵和谐共生的独特人文背景。安康汉阴县实验小学是汉阴县委、县政府根据高起点、高标准、高规格的建设构想，规划建设的一所占地 21 亩，拥有教学楼、行政楼、综合楼、食堂、标准化运动场的现代化学校。学校现有 35 个教学班，在校学生 2400 人，省市县各级教学能手 20 余人，拥有 105 人组成的，具有虔诚教育情怀和开阔教育视野的教育团队。方正的现代建筑彰显严谨的办学姿态，优质的教育团队标示高远的教育追求。学校以"教人求真，学做真人"为校训，把求真务实作为"实小"人为人、为学的终极追求。倡导"行胜于言"的校风，努力营造"精神独立，思想自由"的文化氛围。打造"诗文润雅，多元发展"的办学特色，培养志存高远、品学兼优的阳光少年。

一、自然语文的缘起

自从 20 世纪 80 年代汉阴查振坤老师的作文早起步教改实验在全国声名鹊起后到现在，安康市的课堂教学改革沉寂了近三十年。这三十年来，我们的教育工作者努力过、奋斗过，也曾模仿过、学习过，但在课堂教学改革方面一直没能有效突破。新课改十余年来，安康涌现出一大批有才华、有天赋、有追求的优秀青年教师，他们在全国及省市各级教学舞台上展示风采，在赢得掌声和欢呼的同时，也给我们研究工作者带来更多理性思考，如优秀教师的成长奥秘是什么？他们在优秀迈向卓越的过程中有没有值得借鉴和总结的经验？如何引领优秀教师走出一条可以复制和推广的教学改革之路？"自然语文"就在这样的思考过程中诞生了，它来的是这样突然，又是这样自然，好像不是我们选择了它，而是它选择了我们。

温涛老师是安康广大优秀青年教师的杰出代表。2012 年，我们产生了以温涛的教学风格为切入口开展课堂教学改革研究的想法。2013 年，恰逢省教育厅关于课堂教学改革文件出台，更是增强了我们开展课改研究的信心。安康市教研室领导和当时的汉阴实验小学的李文军校长、温涛老师等交流想法，得到大力支持，经过一年的构想和先期试验，于 2013 年 10 月正式将"自然语文"有效课堂教学改革实验作为安康市小学语文课堂教学改革重点项目。"自然语文"作为多年来行走在语文研究路上的真实的脚印，它虽不完美，有点粗糙，但很真实。

二、自然语文解读

1.自然溯源。所谓自然，从字面上来理解，自，自己；然，这样；自然指相对于人主观意识的客观存在。"自然"的最初含义是指非人为的本然状态。《道德经》："人法地，地法天，天法道，道法自然"。"道法自然"是老子《道德经》的思想精华之所在，万事万物的发展都要顺应事物最本来的面貌，整个自然界，都是在"道"的管理下，按照一定的法则在运行。只有学习和掌握了"道法自然"的哲学智慧，才能了解人生之真谛、处世之哲理，才能知天道、明人道、开商道，才能以正确的心态处事、正确的方法做事，拥有快乐而成功的人生。追求内心的恬淡和宁静、追求思想的自由与致远、追求与自然界万物和谐一体的美妙体验，这才是人生的最高境界！拂去历史的尘埃，老子"道法自然"的思想在今天仍闪耀着灵动、深远的思想光芒，对我们现今的语文教育也有深刻的启发。

我们的语文教学为何屡遭诟病？语文教学存在什么样的问题？语文教师的认识存在什么问题？我们究竟需要怎样的语文？我以为，语文教学需要返璞归真，当务之急是重构"自然"的语文。"自然语文"就是根据《道德经》的核心思想"道法自然"创生的。道法自然是解决"我不知道风向哪个方向吹"的良药，是自然语文的灵魂，是自然语文的指导思想，也是自然语文的最高境界，是教师在课堂由感性思维到思辨思维转变的质的飞跃。

2. 自然语文的基本含义。自然语文就是以学生身心特点和认知规律为出发点，以每一个学生的发展为宗旨，遵循语文的本质属性，让学生在自然的、返璞归真的教学意境中滋生情趣、体验快乐、发展生命、健康成长的语文教育。自然语文的课堂以质朴自然为理想，引领学生自由对话，实现自我，优化、简化语文教育环境，追求语文教学内容、教学过程、教学方法、教学情境的自然态，使学生在语文课堂中自然地成长，使教师在语文教育里幸福地生活。自然语文不是某种语文，而是基于语文本质认识的，在语文共性中的个性凸显，是对语文教学现状的理性思考和语文本体的价值回归，是一种能在课堂上体现出来的简单质朴、本色纯真的整体意蕴。其主旨就是使语文教学提升到审美教育、生命教育和哲学思考的层次。

3. 自然语文的特点。

（1）生本性。新课程背景下，师生关系应当有新的构建，教师要淡化自己的权力角色，强调自己与学生的合作、共享关系；教师要做学生学习的促进者、成长的引路人；变"知识权威"为"学习伙伴""精神向导"。

（2）实践性。首先，不同文体的文本，学生从中收获到的东西是不一样的，但同样都对成长有益：有些文本偏重于感性经验的获得，可锻炼学生的感受力、理解力、想象力；有些文本偏重于理性认知的获得，可锻炼学生的判断力、解释力；有些文本偏重于知性素养的获得，可锻炼学生的鉴赏力、思考力、创造力。其次，要善于变"死"的课堂为"活"的课堂，变"平面"的课堂为"立体"的课堂，变"一成不变"的课堂为"不断生成"的课堂；善于在有限的时间内拓展出最大的信息空间，使课堂富有弹性和可塑性，具有生成性和可发展性。在这样的课堂上，教材不再是一个封闭的、孤立的整体，而是开放的、完整的"课程资源"中的有机构成部分，教材成了学生与他人、生活、社会、自然等发生联系的桥梁和纽带。

（3）生活性。生活性即生活化。语文教学生活化，就是要彻底改变语文课的自闭性，把它与生活紧密联系起来。即将学生从抽象、虚拟的课本堆中解脱出来，给学生感受自然、社会、事实、事件、人物、过程的机会，使学生在与现实世界的撞击、交流中产生对世界、对生活的爱，从而自发地、主动地去获取知识。语文教学生活化，就是将语文教学活动置于现实的生活背景之中，以课堂学习为圆心，向学生生活的各个领域延伸。把学生的语文学习同他们的学校生活、家庭生活和社会生活有机结合起来；把发展语文能力同发展智力素质和非智力素质有机结合起来；从而激发学生作为生活主体参与活动的强烈愿望，使他们获得有活力的知识，得到真正的情操陶冶，让他们在生活中学习，在学习中学会更好地生活。

三、自然语文的根本目的

1.用语文唤醒学生灵魂。自然语文的教育是一种唤醒，是"一朵云推动一朵云"的力量！自然语文的教育是一首诗，是"面朝大海，春暖花开"的芬芳！每个人的身上都隐藏着巨大的能量，但很少有人能够点燃它；每个人的大脑中都有一个金矿，只是很少有人开采它；每个人的身后都沉睡着一个神通广大的巨人，可是很少有人能够唤醒它。自然语文的教育任务就是教育工作者用自己的人格魅力去感染学生，去点燃学生身上隐藏的能量，去开采学生大脑的金矿，去唤醒学生身后沉睡着的巨人！

2. 用语文丰富学生内涵。理想的人生必须具有超远而充实的内涵，这是人生的根基之所在。唯有生命内涵丰富化，才能展现健康成熟的自我，才能展现不孤立、不封闭、不排他的整体社会的文化特色与精神。剑桥大学有这样一个教育理念：教育问题孩子的过程，是把"动物"转化为人的过程，是把一个只知道吃喝住穿等生理满足的低级行走的、让动物属性占上风的人培养成有丰富生命内涵的大写的"人"。

3. 用语文提升生命质量。刘冉复教授指出：21 世纪应踏入教育学的世纪，重新肯定人的价值与尊严。教育的第一目的，在于提高生命质量，培养优秀的人性。提升人的生命质量，是教育本身的职能，也是每一个教育者的神圣职责，这对于语文教师而言尤为重要。把教育真正当成人的教育，把学生的发展从知识层面提升到生命的层次，不仅关注学生知识的内化与生成，更要关注学生生命的成长与价值的提升，使学生成长为一个个有着丰富生命层面的、立体的人。

四、自然语文的美学追求

从美学的角度审视语文教学，学生与语文之间存在着一个审美沟通的过程。如何让学生既获得精神上的愉悦，又能获得诗意的启蒙，就像中华美学学会审美文化研究会会长王一川先生所说的那样，在欢畅之后，"还能在心底慢慢品味，从中或多或少品味出对人生来说富有价值的东西，达到潜移默化地影响个体人生行为的目的"，"把自己的人生重新照亮"，进而直抵"全身心生命澎湃激荡"，我们在思考着，实践着，虽不能至而心向往之。

自然语文与美学追求主要有："见素抱朴"的朴素美，"自然无为"的天成美，"大象无形"的含蓄美，"大巧若拙"的内在美，"恍惚迷离"的朦胧美，"有无相生"的艺术美。

五、自然语文的课堂追求

"大道至简"，是指大道理（基本原理、方法和规律）是极其简单的，简单到一两句话就能说明白。所谓"真传一句话，假传万卷书"。自然语文的课堂也追求这样的智慧，希望达到目标简明，内容简洁，环节简便，方法简易，媒介简化，用语简练，训练简当。

六、自然语文的基本原则

自然语文的基本原则有：遵循学生生命发展的自然之道，遵循语文学科属性的自然之道，遵循生活教学融合的自然之道，遵循课程目标达成的自然之道，遵循教学内容拣择的自然之道，遵循选文类型特点的自然之道，遵循教学流程设计的自然之道，遵循课堂教学状态的自然之道。

七、自然语文的研究模式和教学范式

课程目标：是什么（培养什么人）

教学目标：学到什么（达到什么质量标准）

课程内容：教什么

教材内容：用什么去教

教学内容：需要教什么

长期以来，语文教学低效、微效甚至无效不是因为教师不努力，其主要原因，一是我们课程内容缺失，用教材内容替代课程内容，教师在理解上又产生错觉，把教材内容当成教学内容；二是课程标准的很多目标制定得过于笼统和模糊，操作性不强，教师拿到手后虽然学习得认真，但在具体的教学操作层面上还是无所适从，需要教师二度开发，把目标细化分解到每册每单元及每课里，而这从无人提起（以默读为例）；三是教材的编排和课标学段目标落实的吻合度不够（以复述为例）。这一系列的缺憾，客观上导致广大教师对"需要教什么"这个方向性的问题缺乏足够的重视。总是在"怎么教"（方法）上绕圈子，"教什么"决定了应该"怎么教"，并影响着"教得怎么样"，"教什么"比"怎么教"更重要。教学目标是教学的依据，是一篇课文教学的起点和归宿，是教学活动的核心和灵魂，因为教学目标决定着教学内容的确定与安排、教学方法的选择与运用，教学效果的高低与优劣。

如何解决课程标准学段目标在教学实践过程中虚化的现象？如何确立教学目标？如何依据教材内容选取教学内容？如何根据教学内容进行有效设计，如何选择恰当的方法策略？如何在语文课堂上夯实语言文字运用？自然语文课改小组围绕这些问题开展了一系列的主题研究。这条路走得尤为艰难，我们在黑暗中摸索，目光由模糊到清晰，最后形成以下的研究模式和教学范式。

自然语文研究模式：集体备课—集中研讨—共同上课—互动评议—提升总结"五段互动式"研究模式。"适切的教学目标，合宜的教学内容，有效的教学设计，恰当的方法策略　精当的语用训练"是我们研究的指导思想。至今为止，已经进行了《如何围绕课程内容确立教学目标》《单元解读及单元目标的有效分解落实》《如何围绕教学目标进行教学设计》《如何有效选择教学内容》《范式教学环节设计研讨》专题研究活动。

自然语文教学范式："预、检、阅、拓、写、练"六步教学范式。

朱永新教授提出的四重教育境界是：让学校成为学生享受成长快乐的理想乐园，成为教师实现专业发展的理想舞台，成为学生提升教育品质的理想平台，成为新教育共同体的"精神家园"和共同成长的"理想村落"。这样的教育理想也是我们每位教育工作者追求的理想的教育。今天，自然语文的教师就是为教育的理想而来，他们开展课堂教学改革的目的也是为早日实现这个理想。从目前来看，虽然理想离我们很遥远，但并非遥不可及，只要我们坚守自己的教育信念，坚持不懈地向目标前行，就会离教育的理想越来越近。

附："自然语文"有效课堂教学改革研究初始研究报告

一、课题的核心概念及其界定

自然语文：就是指在语文教学中遵循人的成长规律，顺应儿童天性，尊重学科本质属性，力图营造出以"自然"为旨归的返璞归真的教学意境。这儿的"自然"喻指一种本色质朴的审美境界。很显然，自然语文不是某种语文，自然语文不只把人作为"社会动物""环境动物""物质动物"，还将人视为超越一般动物性的"符号动物""语言动物""情感动物""理性动物""精神动物"。它是在对语文教学现状和教师与学生的生命成长的深刻反思、理性思辨的前提下的高度自觉和理性回归，是一种能在课堂上体现出来的简单质朴、本色纯真的整体意蕴，是语言和人栖居的世界两者关系美学追求的状态。其主旨就是使语文教学提升到审美教育、生命教育和哲学思考的层次。自然语文的特质离不开语文的性质和一些共性，它不是另一种语文，而是基于语文本质认识的，在语文共性中的个性凸显，也是在语文个性下的理性回归。

小学自然语文教学实践：就是以新课程标准为核心，在小学语文教学中，从小学生的审美天性出发，以小学生生命活动为本质，以情感意志为动力，以情境交融为表现，以质朴自然为理想，引领学生自由对话，实现自我，优化、简化语文教育环境，追求语文教学内容、教学过程、教学方法、教学情境的自然态，使学生在语文课堂中自然地成长，使教师在语文教育里幸福地生活。

二、国内外领域现状述评、选题意义和价值

1.国内外研究概况

随着课程改革的推进与深入，在语文教育领域，出现了众多的教学流派。如情智教育，情境教育，语文民主教育，诗意语文等，呈现出百花齐放，百家争鸣的局面。上述对于语文教学的改革和尝试，无一不是立足于改善课堂，提高课堂教学效率的。从关注学科教学转向关注生命成长，从注意言语活动的"生存性功能"转向注意言语活动的"存在性功能"，从立足"生活、应需"转向立足"生命、审美"：语文教育界在自觉与不自觉中，开始了深刻的反思，理性的回归。自然语文要做的，是寻求对现有语文教学现状的超逸，是顺应对现有的教学改革认同的回归。

2."自然语文"课堂教学改革实验的现实意义和价值

"道法自然"是老子《道德经》的思想精华之所在，其意思为整个自然界，都是在"道"的管理下，按照一定的法则在运行。只有学习和掌握了"道法自然"的哲学智慧，才能了解人生之真谛、处世之哲理，才能知天道、明人道、开商道，才能以正确的心态处事、正确的方法做事，拥有快乐而成功的人生。追求内心的恬淡和宁静、追求思想的自由与致远、追求与自然界万物和谐一体的美妙体验，这才是人生的最高境界！拂去历史的尘埃，老子"道法自然"的思想在今天仍闪耀着灵动、邃远的思想光芒，对现代人的人生有很大的帮助，对我们现今的语文教育也有深刻的启发。

2001年6月，教育部颁布《基础教育课程改革纲要（试行）》，标志着新一轮课改的正式开始。十多年来，我们一直行走在课程改革的路上。我们经历着付出的艰辛，也收获着改变的欣喜。语文教学呈现出了百家争鸣，百花齐放的大好局面。在这满目繁华面前，不少有识之士提出了自己的理性思考。比如十几年来，语文教学"投入"与实际学生语文能力与素养提升的"产出"完全不成比例，甚至及不上三五年的私塾教学。虽然在不停地改变，但语文教学却身不由己地陷入"少慢差费"的尴尬境地，这与提出的"多快好省"的时代口号格格不入。

当对语文教学的现状进行冷静观察，不难发现，语文教学呈现出了如下几类病态。

（1）"虚"。文本解读虚，教师不能深入研读文本，没有自己的发现和见解，过分依赖教参和网络，年复一年，毫无改变。教学设计虚，不考虑生情，不考虑学情，靠自己的臆断来设计教学，只追求教学环节的精致，不考虑目标实现的效果，备课和上课两张皮。课堂实施虚，热热闹闹走过场，认认真真搞形式，语言训练不落实、不到位，难认的字不多念几遍，难写的字不好好写几遍。该辨析的词不辨析，该品味的句不品味，标点符号，篇章知识更是一带而过。沉迷于教学方法、教学技巧的模仿和山寨，邯郸学步，东施效颦。教师连珠炮式的讲话，手忙脚乱的演示；学生急匆匆的回答，扫描式的观看，没有回旋的余地，没有回味的时间，知识如浮光掠影，训练似蜻蜓点水。议论太多，书声太少。课堂浮华，教师浮躁，学生懵懂。

（2）"闹"。课堂声音吵闹，没有安静读书，沉静思考的时间和空间。课堂氛围热闹，学生活动无序、低效。学生闹课，教师闹心。

（3）"杂"。语言文字训练不落实，语文活动没有很好开展，牺牲工具性，张扬人文性成为通病。表现出来的是：语言文字太浅，思想内容太深。重视对文本思想内容的探究，忽视、漠视、甚至无视对语言形式的把握。形式杂，一节课，又唱又跳，又吟又画。课件杂，一份课件，有文字，有图片，有音乐，有视频，课堂成了剧场。

（4）"碎"。课堂问题细碎，课堂建构没有核心问题提纲挈领，而是一问到底。细碎的问题非但没有解决问题，反而把走出课堂的学生变成了问号。教学内容零碎，一节课，有数十个或更多的内容要教。什么都想教，什么都没教好，把握不住文本的语文核心教学价值。文本完形破碎，把语文学习当作知识的积累，把文本肢解成语言学习的材料，把文章当作提升应试能力的素材，课堂上只关注机械的记忆、背诵、训练，忽视了学生整体语文素养的提升，忽视了丰富的语文课程所具有的人文精神与学生内心的交流沟通。

（5）"偏"：教学方法偏，有了自主、合作、探究学习，丢了讲解、讲授等接受性学习。偏离学科属性，语文课被上成了思品课，历史课，美术课，音乐课甚至自然科学课。偏离学习内涵，语文学习内涵被窄化，语文学习局限于课本上的基础文化知识，只重文字文章，没了文学，没了文化。割裂语文学习和生活的联系，坐而论道，面壁参禅，学生学的是课本的语文，而非生活的语文，生命的语文，久而久之，就会走上读死书，死读书的境地。

三、自然语文的研究价值

1.首先，自然语文教学实践研究有利于我们正在进行的新课程改革理论的践行。

纵观新中国语文教学的发展历程，它的人文底蕴流失，非人文的倾向并非"一日之寒"。新中国成立以来，语文教育受到的戕害最深，充满人性之美，富有情性之趣的语文变成了枯燥乏味的技艺之学、知识之学，乃至应试之学。长期以来，语文界在"工具论"视界下，把学科基础理论研究视为形式主义，走过场，不尊重客观规律，从概念出发，华而不实，不是"实实在在的事情"，劳而少功，劳而无功。语文界推崇的是有"实效"的语文知识的传授与能力的训练，注重的是所谓"效果最好，效率最高"的"教法"研究，这使语文教育科研陷入盲人骑瞎马的糊涂境地。掉入了经验主义，行为主义，科学主义的陷阱。"有用性、功利性"原则对语文教育肌体的侵蚀，对学生的灵魂造成了致命的戕害；与此同时，教师在此大氛围中也逐渐身不由己，放弃了独立思考和教育反思的权利，丧失了思考的机能；由此影响而呈现的语文课堂"虚、闹、杂、碎、偏"大行其道，语文学科教学失去了本应该有的"实、静、真、素、美"。很大程度上，语文教育背离教育的自然之道，背离了人的成长的自然之道。

2.有利于确立学生的主体地位，促进学生的发展，符合语文教学规律，符合儿童学习语言规律和育人规律，同时也为自然语文教学理论研究提供新的视角。长期以来，语文中的"人"被遮蔽了，而自然语文则是把教学的逻辑起点建筑在对儿童的认识上，从儿童出发，以最高的眷注去指向儿童世界的灵性召唤、诗意栖居、内在体验和全面生成，并注意吸纳潘新和"表现与存在——言语生命动力学"、于漪"大语文观"、王崧舟"诗意语文"等理论和实践的精髓，从而体现了与语文课程的自然和谐。其对今天的整个教育改革，不仅越来越显示出生命力，还一定会逐渐显示出她的理论和实践的价值。

3.通过自然语文教学实践研究，进一步锤炼教师的精神品格和教学的精神气质，促进教师冲破功利主义束缚，从新的视角来反思自己的教学行为，实现自身专业发展。

4.通过实践研究有利于教师更好地深化孔子、陶行知、王荣生、潘新和等语文教育理论的研究和运用，不断深化自然语文教育理论指导教学实践的深度和广度，从而有利于教师做好正在进行的课程改革。

自然语文意在发动教师开展对语文学科本体属性的思索，确认教师对语文价值理性的定位，寻求教师对语文学科教学的本质思考。"自然"两字绝不是语文的某个定义、标签，而应是语文教学的一种理想，一种憧憬，一种境界。就表现状态而言，自然语文当追求语文教学的常态，即正常、稳定、优化，拒绝某些语文的媚态、病态、甚至是变态。就实施策略而言，自然语文当追求体验、感悟、熏陶、积累，疏远定义、推理、归纳、总结。就审美追求而言，自然语文当追求朴素、本真、天成、含蓄，拒绝华丽、刻意、粗疏和张扬。就持续发展而言，自然语文当追求一种平衡——学科属性的平衡、价值取向的平衡、文与道的平衡、培养目标的平衡，理智对待某些善变和偏倚。自然语文要看到的，不仅是课堂、学科，或是课程，她还应该看向更多的地方，生命、生活直至整个自然。在科学和人文之间寻求平衡，在理性和感性之间寻求归路，这就是"自然语文"存在和研究的最大理由，也是"自然语文"在今天课改中呈现的最大价值。

四、自然语文的创新

自然语文是语文教育的一种理想，一份憧憬，一种境界。她存在的意义是为了让语文更真、更善、更美；是为了让学生在言语训练，语言积累的同时体会到言语感受和言语想象的美好；是为了更加彰显语文的情感熏陶，人文关怀；是为了让语文成为民族文化传承和个体生命成长的血脉和基因。自然语文绝对不是某种语文，她就是语文本身。她不是一种模式，一种风格，抑或是某种流派。我们呼唤守护语文学科属性的语文教育；我们呼唤简单，自然的语文教育；我们呼唤关注言语形式，言语动机，进而确证言语生命的语文教育；我们更呼唤关注学生语言习得，生命成长的语文教育。自然语文要做的，是要守护语文学科属性，是要回归语文教育的本真，是要寻求对现有学科教学的超逸。

1. 主要观点

（1）坚持以人为本的理念，着眼于学生的发展，从学生这一新的角度出发，反思教学行为，探索语文教学实践的途径和方法。

（2）自然语文教学研究的依据应是儿童，应服务于学生发展，从而体现新课改理念。

（3）自然语文教学研究的过程，既是教师专业发展的过程，也是校本研究的过程，还是教学效率提高的过程，更是学校教科研文化积淀的过程。

（4）自然语文研究需要学校管理层面牢固树立以人为本的理念，张扬教师的个性，促进教师教学风格的形成。

2.目标

（1）在充分发挥语文教育教学本身的特性和独特魅力的基础上，通过研究自然语文教学的特性、风格，不断探求新的途径和方法，探索自然语文教学的有效策略，建设性地丰富"自然语文"的内蕴，促进师生的共同发展。

（2）在对自然语文课堂教学研究的基础上，从学生学习兴趣、习惯和能力等方面探索学生学习方式、学习能力的转变，从而达到教学过程的最优化，学生学习方式、学习能力的最新化，最终实现课堂教学的有效化。

（3）通过对自然语文教学实践的理性思考，不断改进教师的教学行为，更好地实施新课程，促进学生自主发展，最终实现幸福的教师人生。

3.内容

（1）关于"自然语文"的文献研究。当前中小学新课程背景下自然语文研究综述，当前教学现状分析研究。

（2）"自然语文"的理解与把握研究。教师教学行为研究，学生学习需求研究，自然语文教学中师生关系研究，教师专业成长研究，学生课外阅读研究。

（3）自然语文课堂教学实践策略研究。自然语文特性、教学手段的自然化以及实施、评价、反馈的改进思路研究，自然语文教学方法与途径研究，基于"自然语文"的教师个性化教学行为个案研究，自然语文课例研究。

4.重点

（1）"自然语文"的理解与把握研究。

（2）"自然语文"课堂教学实践策略研究。

5.假设与创新

（1）从学生的发展出发，通过对"自然语文教学"的深度思考和探索，体现教师的研究品质和精神气质，同时也体现教育理论研究的发展与教学实践思路的创新。

（2）自然语文是现代化进程中人对精神的一种皈依。它力图从审美角度引领学生提升生活的意义，健全学生人格，满足师生共同的自主发展的需要，让语文找到回家的路，同时也建构一种新的语文教育文化。

（3）自然语文要关注的不仅是语文课堂教学的变革，学生的成长，还要关注教师的专业成长，学生的阅读生活和语文教学内容。

（4）在吸纳孔子、陶行知"语文教育生活论、阅读本位论"、潘新和"言语生命语文教育"等教育理论及王尚文"语感论"、王崧舟"诗意语文"、王荣生"语文科课程基本论"等理论与实践研究的基础上，通过对"自然语文教学实践"研究，拓展教学研究的视野，丰富教学研究的内涵，引领新课程改革不断地深化和发展。尤其要在已有的陶行知"语文教育生活论、阅读本位论"和新兴的潘新和"表现与存在——言语生命动力学"理论的甄别和接受中，寻求一种理论发展与教学实践的历史平衡。

五、自然语文研究的成果

1.教师的综合素质不断提升

课题实验使实验教师的教学观念和方法不断更新，教学水平不断提高，他们在各级各类教学评赛活动中不断获奖：课题负责人温涛老师被教育部授予"全国优秀教师"称号，入选陕西省小学教师培训中心专家库；吴琼、王媛、乔婷婷老师被授予"陕西省中小学教学能手"光荣称号；傅燕老师获"安康市教师素养大赛"一等奖，获评"安康市教学能手"称号；程家云老师获"安康市口语交际研讨观摩活动"特等奖；吴静老师参加"安康市青年教师阅读暨素养大赛"获一等奖。谭洁琳老师的录像课获得省新课程成果二等奖，被评为陕西省"教学新秀"；刘晓娥、罗丹等

9 位教师被授予"汉阴县教学能手"称号。同时，实验教师的教学理论和经验也不断丰富，撰写的十几篇论文、案例、教学设计分别在省、市级教科研成果评比活动中获一、二、三等奖。编印《牵手自然的语文——自然语文有效课堂改革论文精选》一辑。

2.学生语文学习兴趣和语文学习能力得到长足的提高

两年来，学生的阅读兴趣明显增强，阅读方法得当，阅读面及阅读量有了极大的提高。前测中，有 50% 的学生阅读兴趣不大，阅读是父母逼着读，为了完成作业而读；60% 的学生只阅读卡通故事、动画故事、武侠小说、战斗故事等，而且只看情节，不重文采；70% 的学生一二个星期只看一本书，也没有做读书笔记的习惯；90% 的学生没有阅读方法。而后测中，100% 的学生都喜欢主动阅读，阅读面广泛，几乎涵盖所有体裁的文学作品，课外书籍阅读量达到每周三本以上；而且学生都能有意识地感悟生活、感悟文学作品、感悟名家名篇的表达方法，形成了自己独特的见解，养成了做读书笔记的习惯。通过"范式教学"系列训练，写作能力也得到很大的提高。实验班学生的习作质量高，学校先后出刊校报《新绿报》12 期，近 300 篇学生习作入选，多篇习作在各级征文，文学创作大赛中获奖。编印《自然绽放的花朵——汉阴县实验小学优秀习作选登》一册。学生的语文成绩明显提高，语文学习兴趣浓厚。

3."教研""科研"一体化

教师科研源于常规教学，因此，近两年的课题研究开始向全校语文教师铺开，与常规教学水乳相融，同步进行。课题组还聘请省教科所王峰、李琦老师，省小教中心冉胜利教授，市教研室侯曙光老师做专业引领，开展"周二教研日"活动。全体语文教师围绕自然语文各类专题开展教学研讨。每一教研组先在组内备课—大组备课，然后专家指引—小组反思，再次备课—执教教师上课、听评课、反思—修改教案—在平行班内继续执教，反思—形成精品教案。目前，已形成一至六年级全册精品教学设计一套，编印《追求自然的语文——自然语文有效课堂教学设计》《自然流淌的课堂——自然语文有效课堂精品课例》两种成果集。"周二教研日"受到教师们的极大欢迎和兄弟学校的关注。

4."教研成果"理论化

（1）完成了"自然语文"理论体系的基本建构。自然语文就是以学生身心特点和认知规律为出发点，以每一个学生的发展为宗旨，遵循语文的本质属性，让学生在自然的返璞归真的教学意境中滋生情趣、体验快乐、发展生命、健康成长的语文教育。

她的理论体系包括一个中心、八大原则、美学追求和课堂追求。

一个中心：以学生的全面可持续发展为中心。

八大原则：遵循个体生命发展的自然之道，遵循语文学科属性的自然之道，遵循生活教学融合的自然之道，遵循课程目标达成的自然之道，遵循教学内容拣择的自然之道，遵循选文类型特点的自然之道，遵循教学流程设计的自然之道，遵循课堂教学状态的自然之道。

美学追求："见素抱朴"的朴素美，"自然无为"的天成美，"大象无形"的含蓄美，"大巧若拙"的内在美，"恍惚迷离"的朦胧美，"有无相生"的艺术美。

课堂追求：目标简明，内容简洁，环节简便，方法简易，媒介简化，用语简练，训练简当。

（2）形成自然语文"预、检、阅、拓、写、测"六步教学范式。

预——对教学文本进行预习。以预留科学、合理有效的预习作业研究为中心。为有效的课堂教学打好基础，作好铺垫。

检——对课前预习的学习效果进行检测。以生字词、朗读以及对文章的初步感知等检测为主。与第一环节紧密衔接。

阅——有效的阅读教学。此环节重点为文本内容的学习，思想感情的体验，语言形式的体会。在此环节中，重点关注学生对语言形式，文章结构等的学习，关注重点段落，重点部分，为后面开展言语实践打好基础。

拓——即拓展阅读。此环节是对"阅"环节的强化与巩固，补充与文本内涵、言语形式有关的相应阅读材料，以达到巩固所学，拓展阅读、视野并能为写提供示范的目的。

写——即写作训练。紧扣文本，以延伸文本内涵，实践言语形式的习得为目的，以拓展阅读为补充，开展言语实践，最终实现由语言到言语的接受—内化—运用的过程。

练——对学习效果的检测。以课程目标、年段目标、单元目标为基点，以新课程标测评价建议为指南，以文本内容、学生的听说读写能力以及语文素养的综合考察为目的，开展相应的检查练习，丰富检查内容、检查方式和手段，及时发现学习盲区，调整课堂教学。

（3）打造出"五段互动式"教师研训模式。自然语文"五段互动式"教师研训模式分为"集体备课—集中研讨—共同上课—互动评议—提升总结"五个环节与阶段。其主导思想是要由过去的以接受式培训为主转到以参与式培训为主上来，实现理论与实践的整合，推进教师培训的优质化、有效化。这种模式强调培训组织者与参训教师、参训教师与参训教师之间的多向交流与互动，运用多种手段调动参训教师参与各项培训活动，发挥参训教师的主体性，使参训教师在参与中感受思想的冲击力，形成自身的教育信念，同时学会处理各种教育教学问题的技能和策略，实现学用结合。

（4）形成科学的集体备课制度。形成了"提前准备，研读教材；各抒己见，集中讨论；分散任务，落实备课；集中整合，单元备课；组长审议，对照修改；提交教案，审核定稿"六步走的集体备课流程。

第二章　自然语文的基本原理

第一节　自然语文的教学原理

新中国成立以来，我国的语文教育有了很大发展，取得了举世瞩目的成绩，这是毫无疑问的，是谁也抹杀不了的。但同时现在社会上对现行的语文教育并不满意。如何破解这个难题，是大家都在思考的问题。叶圣陶先生曾说："学语文为的是用，就是所谓学以致用。""语言文字的学习，出发点在'知'，而终极点在'行'，能够达到'行'的地步，才算具有这种生活的能力。"这就是说，语文不仅要教学生掌握语文知识和语法规则，更要培养学生真实有效地运用语言的能力，即语用能力，这也是自然语文应有之义。

语文教学其实很朴素、很简单，语文教学的道理也并不太复杂，可是经过专家们一次次"有深度"地"理论挖掘"，它最终变得华丽起来、复杂起来、"深刻"起来，逐渐愈走愈远，以致使人忘记了它朴素平实的本来面貌。简单来说，语文教学就是激发学生读书的兴趣，教会学生怎样读书，在阅读中感知祖国语言文字的魅力，学习祖国语言文字丰富的表现力，并能在读写听说中正确运用祖国的语言文字。

自然语文课堂教学认为，真正的语文教育绝不是狭隘的传授知识与技能，更不是仅仅为了分数与升学，而应当立足国计民生，着眼民族未来。要想使孩子们的思维得到发展，灵智得以释放，就必须创建一种能够促进师生双边发展的成长环境，让课堂成为促进师生生存本领提高，生活品位提升，生命质量提纯的有效阵地。由此我们认为，语文应该是简单的，是语文的，是自然的。

一、自然语文课堂的六环节教学模式

一个好教师其实就是一个好农夫，他要做的是相信每一粒树种都能长成参天大树，并努力为他们寻找最适合成长的土壤……教育应该是在设法改变孩子的同时让孩子自己改变自己。遵循这样的理念，自然语文课堂应站在教育的高度教学，由此汉阴实验小学开始了自然语文课堂的探索。

自然语文课堂倡导卓越教学，是以"人—社会—自然"生态系统的和谐为前提，以师生共同发展为指向，以超越平庸、走向卓越为追求的一种教学理念。自然语文课堂追求课堂教学的常态，追求体验、感悟，追求朴素、天成，追求学科属性、价值取向和培养目标的平衡，实现了由"师本教育"向"生本教育"的转变，不断地向教育的本真靠近。自然课堂着眼于生命的长远利益实施教育教学，从学生成长发展的全局角度考虑素质教育问题，其本真，就是立德树人。

自然语文课堂主张：把课堂还给学生，让学生成为课堂的主人；把班级还给学生，让教室充盈民主的气息；把创造还给师生，让课堂充满智慧的挑战；把发展还给师生，让课堂成为成长的家园。

自然语文课堂认为，教学就是教学生会自学，教育就是教学生会自育。自然课堂的各个学科、各条渠道、各个环节、各种方法，都要有利于学生自我意识的增强和自我教育水平的提高，使学生的个性沿着"自我感觉—自我认识—自我教育—自我评价—自我调节—自我完善"的良性循环途径，得到较为良好的、充分的发展。自然课堂要求我们改革课堂结构，切实培养学生的自学能力和习惯，不断提高课堂教学效率和质量，使课堂能够逐步成为由学生自学主导的"学堂"，使学生能够成功地进行自我教育。自然课堂的灵魂是"相信学生、解放学生、利用学生、发展学生"，让学生在灵动与鲜活的课堂上自主学习、协作学习、分享成果，切实提高学生学习的积极性，实现课堂教学效益的最大化。

问题设计决定着课堂质量，是教学成功的基础。知识问题化，是教师钻研教材的催化剂，是引领学习的路线图，是引领合作的聚光灯，是引领复习的资料库，是简化教学的高速路。对于教师来说，把教材内容转化为问题，并以此引领学生钻研教材，在教学中至关重要。

在传统的课堂教学中，有些教师习惯于自己先提出问题，然后要求学生带着这些问题去读书，这种方式有时能引发学生的思考，但容易束缚学生的情感指向和思维路径，倒不如让学生在自由阅读中发现问题，提出问题，自主解决问题，或通过小组讨论解决。当以上方式都不能解决问题时，教师再给予指导。"学然后知不足""知不足然后能自反也"。教师的教应在学生因"知不足"而"自反"的时刻，这样才能有针对性地提高课堂教学效率，从而提高教学质量。自然课堂主张采用以问题引领导学案的"自育自学"方式，鼓励学生自主、合作、探究学习。

自然语文课堂"六环节"教学法是以六个相互连接、层层推进的课堂教学步骤为载体，以"教学内容问题化"为主线，以"开放和生成"为特征的课堂教学模式。

1. 预——自主预习。自然语文课堂把语文教学的视角从课内投向课前。强化对预习这一环节的关注，有利于提高学生自学能力和养成自学习惯；有利于缓解课堂教学压力提高教学效率。着重加强对自学内容的安排和自学方法的指导。自然语文课堂的课前预习的设计能基于该学段学生自学能力基础进行设计。预习能涉及朗读、字、词、材料收集、文章基本内容的了解和把握等方面。预习中能考虑设计标记、批注等基础自学方法指导的练习，练习量适度。该环节要求教师必须课前认真钻研、吃透教材，在确定好学习目标的基础上，尽可能科学地设计出自学提纲；学生以导学案为学习路线图，带着问题系统预习教材，自主学习。需要指出的是，自学不仅仅是学生自己学，也可以相互讨论、相互补充、相互纠正，以达到共同提高的目的，从而使自学实践活动得到深化。

2. 检——基础反馈。自然语文课堂检查学生的预习效果，摸清学生的学情。为有效的课堂教学找准起点。课前检测能基于学生预习情况和现有水平进行有效作业设计。练习检测能根据课时进行有层次，有广度，有梯度的有效设计。作业设计有导向性和激励性，能直接影响课堂任务的完成效果。

3. 阅——自然导读。自然语文课堂阅读教学的核心环节。在"语文课程应致力于学生语文素养的形成与发展。全面提高学生的语文素养。"这一思想的指引下，引导学生通过对文本语言的揣摩品味，达到审美的愉悦和思维的训练，进而触摸到语言背后的世界，最终达到得意又得言的目的。课堂教学能根据"测"的效果进行适当变化。教师能指导学生多层面、多角度边读边理解。教师能引导学生抓住典型、精彩的语言信息得形得意。教师能采用多种教学手段和方法引导学生对课文进行个性化解读和理解。学生能在教师的引导下积极学，乐于答，互动交流，勤于思考。

4. 拓——拓展探究。自然语文课堂的拓展阅读作为精读和略读的补充，可以拓展阅读的范围，扩大读者的视野，使所学的知识网络化、立体化、综合化。而且，可以在知识的相互比较、补充、融合和重新构建中，使学生开拓思路，涌现创意。可以补充与文本内涵，言语形式有关的相应阅读材料，以达到巩固所学，拓展阅读、视野并能为写提供示范的目的。学生以小组为单位讨论自学不能解决的问题，先一对一分层讨论，再组内集体讨论。教师全面掌控，巡回指导。小组讨论解决不了的问题及时反馈给教师。"教师越是善于给学生思维活动赋予解决任务的性质，学生的智慧力就会越加积极地投入活动"。自然语文课堂的拓展，首先是分组展示，注重对题目思路和方法的分析。其次是互动点评，点评时要言简意赅、思路清晰，对新生成的问题，放手让学生讨论，尽量让学生自己解决。对学生点评不到位的地方，教师适时点评、拓展。然后是质疑追问，在分组展示、互动点评过程中，全体学生要积极参与，大胆质疑，提出自己的方法、思路。学生的潜力是无限的，他们的讲解浅显易懂，同学们容易接受，产生分歧时教师可适时地进行点拨。这个环节是"四步教学"最精彩之处。自然语文课堂着眼于发展学生的思维，使学生自觉、自动地参与到深层次学习过程中。拓展能引导学生立足课本，高于课本，甚至能创造性地使用课本。教师能利用课堂与文本资源，抓住要点进行适度拓展学习。拓展延伸能基于学生认知和文本需要指向写作的探究价值，并能提高学生认知水平或情感价值。

5. 写——读写结合。"读为写奠基，写为读深化"。自然语文课堂的随文练笔，是进行语言文字训练的重要方式，它以课文内容为素材，把语言形式的运用和对课文内容的理解有机地结合起来，彼此交融，和谐运行。遵循目的性原则、层次性原则、多样性原则、适量性原则。能挖掘课文写作点进行写作训练，达到提高学生语文写作能力的效果。学生能在规定时间进行有效果的训练和反馈。

6.练——检测总结。检查学生的学习效果，强化教师的目标意识。以新课标评价建议为指南，把握年段特点，丰富检测内容和手段，为后续学习提供参考。在课堂检测的基础上反思总结，学生反思学习过程，总结知识、方法。在此基础上，教师归纳方法、规律，总结、提升。反馈是导学案一个重要环节，要让学生愿做、能做、做中有乐。达标验收的习题设计可多样化，如填空、选择、判断、改错、问卷，亦可提问、小组竞赛，这样既有利于帮助学生掌握知识，又可以培养学生的分析、综合及应用能力，激发学生的学习兴趣。自然语文课堂的检测，阅读设计应准确把握课程标准对学段的阅读要求，涉及语文基础知识的积累与运用，检测对文章的理解及分析鉴赏能力。习作命题明确、具体。能激发学生的创作活力，能提供灵活迁移运用学到的知识和技能的机会。自然语文课堂课后检测内容全面、系统。能根据教学内容涉及读音、字、词、句、阅读、练笔、积累等方面。自然语文课堂检测难度适中，符合年段特点，练习指向检测教学目标的实现，符合课标年段评价建议。自然语文课堂检测内容适量，重点考查学生基础知识的掌握，灵活运用能力和综合素养。

自然语文的价值效果是生命绽放。自然语文课堂打破了以往教师"满堂灌"的传统教学模式，把思考的空间留给了学生。自然课堂让教师由原来的主讲者变成了组织者、合作者。教师的角色开始由"居高临下的权威者"向"平等中的首席"转变，由传授者向促进者转变，由管理者向引导者转变。这种转变还体现在，教师由以往的单兵作战向紧密合作过渡，由画地为牢向资源共享过渡，由囿于教材向开发课程资源过渡。教学方法也开始呈现出多样化趋势。自然语文课堂中学生最大的变化是，开始尝试体验自主合作与主动探究所带来的愉悦和成功感。学习行为也由被动转向主动，探究式学习、体验性学习和实践性学习与接受性学习交相呼应、相辅相成。自然语文课堂气氛活跃，能让学生的个性得到张扬，特长得到发挥，才能得到展示。在教学中我们深深感到：当我们把课堂还给学生，把讲台还给学生，把书本还给学生时，课堂便会出现敏锐的思维，闪现智慧的火花，迸发出创造的灵感。

自然语文课堂的探索让广大教师从思想上深刻理解了教研的重要性，明确了教研与提高教学质量、教研与专业成长的关系，树立起向教研要质量的观念。通过开展展示课、研讨课、平行课调研等活动，我校教师积极探索，取长补短，共同提高。自然语文课堂课程改革已扬帆起航，我们将努力践行自然语文教育的理念，把学校建设成"明德思远的育人乐园、行健有恒的求知慧园"。

二、自然语文师学自然

"学生是学习的主人，教师是学习活动的组织者和引导者""语文教学应在师生平等对话的过程中进行"。《义务教育语文课程标准 2011 年版》虽然指明教师的定位与作用，但在具体教学中，许多教师还是感到很困惑，他们的目光还是很茫然，往往情不自禁地发出"自然语文教师在学生的学习中究竟扮演什么角色"的疑问。自然语文的教学应该是从学生出发，师学自然，走向生本的自然语文生态课堂。可以唤醒学生沉睡的潜能，点燃学生智慧的火花，能够成为师生互动、心灵对话的舞台，把主要依靠教师的教，转化为在教师的帮助下主要依靠学生的学，把课堂办成真正的促进学生自主学习的"学堂"而不是"讲堂"。在自然语文课堂教学中，采取激扬生命的拓展方式，引领学生感悟并体验语文课具有情感的温度、文化的宽度和思想的深度而"成为生命的诗意存在"。

自然语文教师智慧与否不在于年龄、学历和职称，而在于他有怎样的教育思想和睿智，是师中心还是学中心，是教服务于学还是学屈从于教。自然语文教师在教学过程中是引领者、促进者和新课程的建构者。在教学中，他善于脱离"以纲为纲、以本为本"的传统思维的禁锢，由课程的执行者转变成课程的建构者；善于开发利用各种教育资源，尤其是课堂中生成性的教育资源；善于发现、捕捉甚至放大一些课堂生成问题，并转化为教育资源，丰富课程内容，使教学过程真正成为师生富有个性化的创造过程。

自然语文教师主张教育以人为本，学生是学习的主人，学生的学习注重自主、合作、探究。其教育教学思想变革不只是在传统应试教育基础上的某些细枝末节的修修补补，不是传统教学方法在教学艺术和技术上的不断精进，而是对传统教育思想和教学方法从根本上重新认识和思考，敢于对传统教育思想包括教学方法进行根本上的改革，颠覆性的改革。

自然语文教师把学生当作教学的第一资源，把自己当作班级里第一名学生。智慧的自然语文教师把学生当主体，相信学生、解放学生、利用学生、发展学生；他心中明白教学中一切的教都必须服务于学生的学，以学定教、以学评教、以学促教。智慧的自然语文教师强调育人为本，以学生的发展为本，关爱学生的生命，不把学生当成"容器"；从单向的知识传授走向教学互动，变"记忆型教学"为"思维型教学"，变"应试型教学"为"素养型教学"；使学生从被动走向主动，把学习的主动权真正还给学生，促进学生的创新意识和实践能力。

自然语文教师在教育教学过程中能够做到教师变学长、讲堂变学堂、教室变学室、教材变学材、教案变学案、教学目标变学习目标，站在学生的立场上思考和设计教学。智慧的自然语文教师不仅要让学生学到知识，还要通过动手、交流去培养学生的语言表达、书写，乃至沟通、合作的能力。

自然语文教师的角色定位是"一传"。他能够放下架子、俯下身子，走到学生中间，不再成为"挡"在学生和知识之间的那堵"墙"，让学生能够直接和知识"亲密接触"。

自然语文教师是高明的"一传手"。"一传手"没有"扶手"，"一传手"把"相信学生"的口号落实到行动中，让学生在摸爬滚打中学会自己"走路"。当然这期间难免会有磕磕绊绊，难免会遇到"急流险滩"，但也正是在磕磕绊绊中，在与"急流险滩"的"搏击"过程中，学生会学了，学会了。

自然语文教师"一传"之后会和学生共学、共享、共进，积极主动地参与到学生的学习研究活动中去，与学生形成一个真正的"学习共同体"，和他们一起面对困难、解决问题，分享学习成果，感受成功的喜悦。在师生交往互动中，在彼此思维火花的碰撞中共同进步，使教学不再是一种苦差事，让课堂真正成为孩子们的幸福乐园，师生共同成长的幸福摇篮。

自然语文教师，一定是敢于"让学习发生在学生身上"的那个人，他知道课堂不是自己的舞台，是属于学生的学习场。其作用的发挥应该"该大的时候大，该小的时候小"。什么时候该大？在教材方面，教师应该发挥"融入教材、整合教材"的作用；在学生方面，教师应该发挥"激励学生、吸引学生"的作用；在教法方面，教师应该发挥"解放学生、指导学生"的作用。什么时候该小？教师不要给自己背上"灵魂的工程师""无私的奉献者""学生的救世主"的包袱，教师的作用没有那么大。这样的包袱，不但会压垮学生，也会压垮教师自己。

自然语文教师具有构建和谐课堂生态的能力，积极建构师亦生、生亦师、师生相长，兵教兵、兵练兵、兵兵互动的课堂生态。在这样的课堂生态里，让学生获得情感体验和心灵感悟，从而有效地实现"传"，让学生获得经验、能力。

自然语文教师把知识当作实现理想的过程中使用的工具，其作用等同于人们熟悉的螺丝刀、扳手，"传"而遵"道"，"传"而有"道"。而自己则扮演好四个角色："哑巴"——管好自己的嘴巴少讲；"忍者"——不随意批评学生的错误；"懒汉"——敢于把学习问题踢还给学生，不过于勤快；"大忽悠"——最大作用体现在对学生的鼓励、激发上。智慧的自然语文教师知道让学生拥有一个远大的理想并鼓励他们去实现，远比给他们灌输知识更为重要。他时时牢记，处处呵护，及时引领、点燃学生想象和创新的火花。

自然语文教师做火柴而不做蜡烛，做裁判员而不做运动员，做农夫而不做园丁，做导演而不做演员。语文课堂中的智慧教师，既是精神的同道，亦是学习的伙伴，而不是裁判兼警察，左手握真理右手握大棒；语文课堂中的智慧教师，是服务生，要俯下身子为学生服务，将姿态降低，将心胸放大，而不是挂在墙上当圣人像，等着学子们来膜拜。

自然语文教师应该培养学生主动学习的习惯，在未能独立学习的孩子刚刚起步的时候扶他一程，不至于使他付出跌落悬崖的代价。智慧的教师只要知道悬崖边上危险的道理就可以，正常的跌打滚爬之事还是要由学生自己来完成，并且要学生自己去体会怎样能走得稳健、走得远。教育就是要引领创新，教育就该删繁就简。高深的传授不如让学生从简单中领悟高深，给学生自主，也就给了学生由简单到高深的机会；给学生时空，也就给了学生自主实现成功的机会。

自然语文教师既要发展学生，同时还要满足自身的发展，其教书不是在夜以继日地"掏空"自己，而是在作为"首席"时增补和完善自身，以达到师生相长的境界。自然语文教师是靠自己的内涵、积淀加上持之以恒的努力和反思历练成的。

三、自然语文师评自然

当前推进中小学教育质量综合评价改革十分重要和紧迫。党的十八大强调，把立德树人作为教育的根本任务，全面实施素质教育，深化教育领域综合改革。教育规划纲要提出，改革教育质量评价制度。同时，基本实现教育现代化，必须建立与之相适应的现代教育质量评价体系。转变政府职能、改进宏观管理，也必须强化评价工作，发挥评价的引导作用。

《义务教育语文课程标准（2011）》的制定，引发了我们对传统课堂教学的反思，我们都在试图构建一种与"新课标"最为合拍的课堂教学新方案。自然语文教学应该师评自然，它的评价内涵还具有如下更多的特征。

自然语文教学是发展课堂。学生好比种子，需要教师提供土壤、水分、肥料、空气和阳光。自然语文教学是发展课堂、发展生命、发展智慧、发展个性。应该通过教学和评价，引导学生明白：智慧课堂是人生智慧的火花，是人的生活创新的体验，是人的心灵个性的张扬。自然语文教学，给课堂注入生命，课堂因此而鲜活；给生命注入知识，知识因此而厚重。自然语文教学，指导学生为做人而学习，在内容上求真；以课堂促做人，在品格上求善；以课堂述做人，在语言上求美。自然语文教学，通过学习的成功体验，使学生提升思想境界，塑造人格品质，积淀文化修养，抒发真情实感。

自然语文教学是情趣课堂。自然语文教学课堂，是演绎教学艺术与学作艺术的精彩世界。自然语文教学的教学艺术性在于营造气氛，创造心灵的共振，拨动心灵的琴弦，做好空间的智慧课堂；自然语文教学的教学科学性在于发展学生的思维，追求思维的创新，提高学习的效率，做好时间的智慧课堂。在自然语文教学中，注重激发情趣，引导学生体验乐趣，形成学习兴趣链，即自然语文教学的七步循环圈：情趣促学—学而生乐—乐而需学—学而生悟—悟而生知—知而乐学—学生情趣—情趣促学……

自然语文教学是开放课堂。生活有多广阔，课堂教学的天地就应当有多广阔。因此，自然语文教学倡导开放课堂教学的视野，努力达到三个开放：一是开放学生的学习生活。二是开放课堂教学的形式。学生可以高谈阔论辩论明理，学生可以把生活见闻拿来信息交流，学生可以读书体会交流心得，学生可以读读议议评价分析，学生可以玩玩游戏学学智慧课堂，学生可以读读评评修改提高。三是开放课堂评价的方式。"多一把衡量的尺子，就会多出一批好学生"，多一些表扬，就会多出一些学习天才；多一些激励，就会多出一些课堂能手。"没有最好，只有更好"，自然语文教学的开放式课堂评价的意义在于为实现"更好"创造良好的育人环境。不断地争取"更好"，才是自然语文教学质量评价的永恒追求。

自然语文教学是创新课堂。创新是智慧课堂的灵魂，创新是智慧课堂的境界，创新是智慧课堂的目标。自然语文教学是创新课堂。自然语文教学认为：课堂是一条创新的路，课堂是一条体验的路，课堂是一条阅读的路，课堂是一条练习的路，课堂是一条快乐的路，课堂是一条艰苦的路，课堂是一条悠长的路……在这条路上，每一步都有瑰丽的风景，路的深处，绝好的创新风景是定然会出现的。

自然语文教学是丰收课堂。"春种一粒粟，秋收万颗籽。"自然语文教学是丰收课堂。自然语文教学提倡面向全体学生，倡导学生人人能学，人人会学，人人快学，人人乐学。自然语文教学教学是以丰收目标教学为先导，以成功教育为中心，积极鼓励学生的学习的成功信念和自信；通过民主化的教学引导，鼓励全体学生别出心裁、标新立异，在自然语文教学教学中，教师相信每一个学生，积极鼓励每一个学生树立起成功的信念与信心，着力使学生的创造性潜能得到充分的挖掘和开发。自然语文教学是教师人人会教的课堂，是学生人人会学的课堂，人人学会的课堂，人人成功的课堂。

自然语文教学是自由课堂。自然语文教学倡导自由课堂，主张学生在自然语文教学模式的指导下自主学作。自然语文教学，指导学生用自己的眼睛去观察周围的世界，用自己的心灵去感受周围的世界，然后将自己的观察感受所得形诸语言文字。因为：智慧课堂是十分个性化的东西，也是十分具有整体性的感性化的东西，将课堂技法做十分理性的知识归类训练有作用有必要但不可夸大。其实，好些人的智慧课堂完成后，自己却归纳不出智慧课堂采用的技法之类的东西。自然语文教学认为，学作应当是"自鸣天籁"，是个人情感、灵性的外化。

自然语文教学是快乐课堂。课堂有路趣为径，学海无涯乐作舟。自然语文教学是快乐课堂。自然语文教学通过富有情趣的指导，使学生明白，课堂学习应该是一件很快乐的事情。自然语文教学使他们快乐地阅读，快乐地体验生活，快乐地思考生活，快乐地描述生活，久而久之，就可以使他们的大脑变得越来越聪明。在自然语文教学教学过程中，教师应积极引导学生打造学习的兴趣链：激发学习的兴趣—体验学习的情趣—享受课堂的乐趣。通过引导训练，使学生快乐地体验学习，快乐地体验学习的成功，使学生在学习练习的过程中学会学习，在快乐体验中，有话会说，有话想说，有话巧说，有话乐说。

自然语文教学是富有"诗意"的课堂，是饱含"情意"的课堂，是体现"创意"的课堂，是带有"学意"的课堂，是理想中的课堂，是课堂教学的新境界。在《义务教育语文课程标准（2011 年版）》教学理念指导下的自然语文教学教学将走向生活化、实践化、综合化、智慧化；面对新课程、新理念，自然语文教学的教学将是生动的、活泼的、自主的、合作的、创造的、充满生命力的。

四、自然语文师法自然

自然语文的教学观认为健康的审美情趣是可以通过体验大自然来培养的，它跟写作结合起来，学生作文时就不再那么苦、难。人们生活在这个时代，就必须符合这个时代的要求。大自然是一种天然审美，是正面的情绪，对反面的不良情绪有矫正和否定作用。让孩子们学会观察、体味、品味大自然至关重要。大自然文学作品充满情趣，语文教学工作者应该让少年儿童从小就体验、表达大自然，并从语文教学的角度培养自然、本色、民主、开放的阅读，尊重学生语文学习的规律，尊重学生阅读的自主权，通过阅读提升学生生命质量和个人素养。作为语文教学工作者，我们应该大力宣传大自然文学。

自然语文课堂的教学观认为，让学生成绩好，需要有多层通道；促进学生有个性的发展，更是需要多条途径。著名教育家加德纳在《多元智能》一书中说过这样一段很精辟的话："学校教育的宗旨应该是开发多种智能，并能帮助学生发现适合其智能特点的职业和业余爱好。我相信得到这种帮助的人在事业上将会更投入、更具竞争力，因此将会以一种更具建设性的方式服务于社会。"教师应该根据教育宗旨，完善自己的角色定位，成为具备学生多元发展的多元教师；著名语言学家许国璋教授说："古往今来，众多杰出的科学家、艺术家、文学家、教育家等无不是靠自主学习、深入思考、不断实践，才有所发明、有所创造、有所前进。试想谁能教莎士比亚成为莎士比亚？谁能教爱因斯坦发现解释宇宙的根本原理？谁能教鲁迅先生刻画出阿 Q 的形象？主动学习和深入思考是我们前进的动力。"教师还要具备让孩子能自主学习、自主发展的引领者、推进者的角色。两位名人分别从理论的层面和实践的层面告诉我们应当怎样去做教师，怎样去从事教育事业，教师的职责就是要给学生以更多的鼓励和引领，从而让学生能健康地、有后发之力地成长。

自然语文大课堂以科学发展观为指导，努力把课堂优势转化为发展优势，把课堂资源转化为发展资源，把课堂成果转化为发展成果。自然语文大课堂以改革创新的精神推进薄弱地区基础教育的建设，以奋发有为的精神推动教育事业发展。自然语文大课堂同心同德、共促发展的强大合力在神州大地蔚然升腾。自然语文大课堂凝聚教育工作者的信心与智慧，把课程改革的目标和立德树人的要求紧紧联系起来，把中小学日常教育教学活动与全面提升公民核心素养紧密结合起来，切实办好每一所学校，教好每一堂课，让每一位学生健康成长、快乐成长。自然语文大课堂以推动课程改革深化为目的，尊重教育规律，尊重学生成长规律，传递课改正能量，发现、提炼、传播课程改革的中国经验、中国智慧，辐射带动更多地区、更多学校、更多教师投身课程改革，为广大青少年成长创造良好条件。

自然语文课堂在充分发挥课堂教育教学本身的特性和独特魅力的基础上，通过研究课堂教学的特性、风格，不断探求新的途径和方法，探索自然语文课堂教学的有效策略，建设性地丰富"自然语文课堂"的内蕴，促进师生的共同发展。自然语文从学生学习兴趣、习惯和能力等方面探索学生学习方式、学习能力的转变，从而达到教学过程的最优化，学生学习方式、学习能力的最新化。自然语文课堂的教学师法自然，我们理应通过对自然语文课堂教学实践的理性思考，不断改进教师的教学行为，更好地实施新课程，促进学生自主发展，最终实现幸福的教师人生。

五、自然语文师技自然

语文教育不是要去刻意培养伟人，更不是光宗耀祖的工具，而是要让孩子"自然生长"，把每个有着千差万别的孩子，引领到人生正确的轨道上来，做有道德、有责任、有担当，对社会发展各尽其能的人。将自然语文落到实处，必须遵循汉语的特点和规律，借鉴孩子自然习得母语口语的过程和古代私塾语文教学的经验。具体来说，就是要引导孩子大量阅读，大声朗读，背诵佳作，努力认字、炼词、选句；不断由模仿写作到有创意地写作，从而使孩子在大量接触书面语的过程中，不断积聚、丰富汉语书面语的语感。

语文教育的首要目的是为了能让孩子识字，逐步学习、掌握母语书面语。因为只有这样，孩子才能不断接受高素质的教育；也只有这样，孩子才能传承中华文化，吸收外来优秀文化，不断接受真善美的熏陶。已故世界知名数学家苏步青教授说得好："如果说数学是学习自然科学的基础，那么语文则是这个基础的基础。"已故语言学界的老前辈吕叔湘先生也说："学好语文是学好一切的根本。"老前辈所说的"语文"，指的就是汉语书面语。古代私塾语文教学的特点是，除了要求天天写字、练字外，就是大量阅读、大声朗读，要求背诵，并不断由模仿写作到有创意地写作。其中特别注重大声朗读和背诵，因此历来有"琅琅书声"之说。这大声朗诵正是不自觉地遵循了汉语重节律的特点，使学生通过朗读将课文深深地印记在脑海中。学生在这样的过程中通过视觉、听觉和手写的感觉大量接触汉语书面语，不断积累丰富的书面语语感，从而逐步掌握汉语书面语。学生当时对所读之书的内容可能不甚了解，甚至完全不懂，但他们积累了很好的书面语语感，打下了坚实的书面语基础。

自然语文教学的理想境界应该是唤醒学生沉睡的潜能，它能点燃学生智慧的火花，能够成为师生互动、心灵对话的舞台，也就是和谐生态的课堂。要构建和谐的"自然语文教学"课堂，必须巧妙地把握好一定的"度"。所谓"度"字，其中的一个义项是"事物所达到的境界"。小学"自然语文教学"课堂要"达到的境界"是什么呢？

1. 以师生关系为起点，把握和谐的程度。要构建和谐生态的自然语文课堂，就是要让生命鲜活。首先是师生关系要呈现和谐之美。教与学的关系应该是平等、协商、和风细雨式的，而不应该是君临天下式的。教师要想学生之所想，急学生之所急，乐学生之所乐，忧学生之所忧。课堂上，一切顺乎自然，教师顺学而教，学生顺心而学，师生同处于教与学的快乐之中。其次是生生关系要显现生态之美。学习是学生的个体行为，要引导每个学生在主动学习和独立学习的基础上，加强合作，引导学生在讨论、探究、互动中学习，实现共识、共享、共进。要充分发挥语文的功能，通过阅读、思考、实践和体验，让语文真正进入每个人的生活中，唤醒他们的生命意识，丰富他们的生命内涵，提升他们的生命质量。"与语文共舞，让生命鲜活！"构建中学语文和谐生态的课堂，用生命去感动生命，用灵魂来塑造灵魂，用智慧去开启智慧，让置身其中的师生享受到教学所带来的乐趣，我们的课堂教学才能不断焕发生机与活力。

2. 以学生开窍为基准，把握提问的角度。自然语文教学提问的角度是多样的，其最佳角度在哪里呢？就是要着眼于使学生"开窍"。为使学生"开窍"，教师应注意转换提问视角，采取"一例多问"，即对同一例句从多种角度提出问题，以开拓学生思路，活跃学生思维。教学实践证明，同一个问题，由于提问角度不同，效果也往往不一样。所以提问应当尽量回避"是不是""怎么样"等一般化、概念化的套路，变换出新颖的角度。

3. 以认知水平为前提，把握问题的难度。和谐的"自然语文教学"课堂的提问要适合学生的认识水平，把握问题的难易程度。教师提出的问题应是学生在未认真看书和深入思考之前不能回答的，还应是班里大多数学生经过主观努力之后能够回答的。就如树上的果实，既非唾手可得，又非可望而不可即，而是跳一跳才能得到。教师的提问应难易适度，如果问题过难，学生望而生畏，就会挫伤学生思考的积极性；如果问题过易，学生不动脑筋就能轻易答出，也就无法提高学生的思维能力。在教学过程中，教师提出的问题学生答不出，这是常有的事。原因往往是难度过大。这时，教师应想方设法"化难为易"，以避免陷入"启而不发"的境地。

4. 以思维距离为台阶，把握问题的坡度。有的心理学家将问题从提出到解决的过程叫"解答距"。所谓"解答距"，就是让学生经过一番思考才能解决问题，让思维的"轨迹"有一段"距离"。一般来说，根据"解答距"的长短，提问可分为四个级别。第一级，属于初级阶段，所提的问题，学生只要参照学过的例题、例文，就可以回答。这样的问题，属于"微解答距"范畴。第二级，属于中级阶段，所提问题并无现成的"套子"可以依傍，但不过是现成"套子"的变化与翻新。这样的问题，属"短解答距"的范畴。第三级，则是高级阶段，所提问题要求学生能综合运用学过的知识进行解答，属"长解答距"的范畴。第四级，则是高级阶段的发展，属创造阶段，所提问题要求学生能采用特有的方式（无现成方式参照）去创造性地解决问题，属于"新解答距"的范畴。教师应从学生实际出发，合理调配提问题的坡度，为学生增设台阶，使之能拾级而上，直达知识的高峰。在解答问题的过程中，学生的思维随之逐步提高。

5. 以正确思路为引导，把握问题的密度。传统的课堂，学生在教学过程中始终处于被动地位。学生学习的内容，学习的进程，学习的方法，全由教师一人决定，学生学习没有自主权，学习的过程是教师把"定论"喂给学生，学生没有自己的体验、感悟，更没有创造活动；学生只能服从，不能怀疑；只需接受，无须创造。这些，都恶化着语文教学的环境，哪里还谈得上以人为本，关爱生命？要关注学生的身心健康，净化语文教学的环境，就必须重视课堂和谐生态。适度的课堂提问具有诊断学习效果、激发兴趣、集中注意力、启发思维、反馈调控等教学功能。能给学生以正确的思路引导的问题，怎能不锻炼学生的思维能力呢？因此，教学中切忌"满堂问"，应控制提问密度，将提问与讲授、讨论等方法结合起来使用。

6. 以学习心理为标尺，把握练习的强度。在自然语文教学中，教师必须以学习心理为标杆，把握好练习的强度。愚以为这里的"强度"应指自然语文教学中引导学生自主学习驱动力的强弱，而非训练的量和度。"自然语文教学"课堂应该能产生高质量、高效率、较理想的学习效能，体现为"主体张扬""兴趣持续""交往真实""思考质量""生成能力"。譬如重点或难点章节，可以在反馈课上，以分层的方式进行加强训练，也可以用其他方式，比如练习的形式、竞赛的形式、演讲的形式……可以由教师主导，因学生掌握情况设计，也可以让学生相互测试。如果教师觉得强度不够的话，补充练习可以根据课程的需要来设置练习量。我们是通过导学练的方式进行的，有周导学练和月导学练，采用检测考试的形式分阶段有重点地进行强化训练。导学练的内容由教师根据学生在导学案中反映出来的问题进行针对性地设计，重在巩固、完善。我校自育自学的"自然语文教学"课堂，以学习心理为标杆，重在自研检效，展示课有同步演练、当堂反馈，当日有巩固分层导练，阶段有单元检效性训练，月度有综合性测试。一切训练均在课程规划中，并自然形成质量预控体系。训练切不可随性、随意。

7. 以课堂结构为抓手，把握提问的深度。通常的教学，学生难以把握教师提问目的，也难以把握不同提问之间的关联，难以提供充足的思考问题时间。在缺乏整体感、节奏感的情况下，"线形结构"的课堂导致学生认识单一、难以自控，思维紊乱、认识肤浅。自然语文教学课堂的问题引领呈现的是相互关联的问题，帮助学生在关联中认识关联，在整体中认识整体，在知识学习中培养思维能力，避免水来土掩的问题应对，使学生走出"问题黑洞"。课上学生有充足的心理空间，适当的独立深思与合作交流，加之精当的教师点拨，构建"自学自研——合作交流——教师点拨"的课堂结构。如在拓展阶段，可以设计这样一个问题：你能不能运用象征手法，选择生活中你熟悉的花草树木进行一番外形品性的描绘，并且揭示出它的象征意义呢？自然语文教学上的问题引领可以优化课堂教学环节，提高课堂教学效果，产生认知的冲突，促使学生积极思考，进而在这个过程中实现创新。有效的课堂提问，可以激发学生的思维活动，也能培养学生的思维性、独立性和批判性。在民主、和谐的师生关系的前提下，以问题引领课堂从而使课堂提问科学而精彩、有效而有趣，使学生喜闻乐答。

8．以语文课本为内容，把握学习的效度。认真解读文本，就能找到课堂和谐生态大门的钥匙。根据一般经验或传统做法，拿到一本教材，我们不是急着去翻阅手上的教学参考书，就是忙着寻找教案，而往往忽略了对文本进行详尽的解读。其实，新课程下的新教材，课后要求更广泛，认真解读文本就显得尤为重要。只有认真解读好了文本，一个好的语文教师才能创设情境，指导学生将自己的人生体验、个人情感与文本交融在一起，实现师生情、作者情的和谐共振，在美与智的融合中形成健康的个性和健全的人格。因此，教师对文本解读的深度与宽度直接影响语文课堂的和谐生态。例如在教学语文课本四年级下册"语文园地八"中的"我的发现"之新课伊始，我谈话导入，引领明晰目标："书读百遍，其义自见。"平时拿到一篇文章，你肯定会读好多遍，你一般会读些什么？怎样读？然后媒体展示读书方法：浏览全文，知其大意——把握文章的主要内容。品读句段，读出感受——理解重点句的含义、体会作者的感情。领悟写法，学以致用——体会和运用表达方法。这样读文章，才能闻到墨香，才能读出文字传达给我们的意韵，才能为我所用。

9.以教师用书为参考，把握知识的广度。自然语文教学要求教师以教师用书为参考，把握好知识的广度，对教学进行动态设计，这样才能增加学生活动空间和体验空间。因为有了学生的活动，课堂就不可能一成不变，课堂上所发生的一切，便不能在备课时全都预测到，教师应按课堂的具体进行状态来设计教学，根据课堂随时出现的新情况调整教学安排。例如在教学一些叙事的长文章时，我常常按要素罗列法——找出文中的四要素，并合理组织它们，设计巧妙的问题来引领导学。在自然语文教学的教学实践中，有活力的课堂都是按动态的教学设计来进行教学的，而不是按照教师备课时规定的路线亦步亦趋。教师的创造才能和创造乐趣，在处理这些活动的情境中得到发挥与体现。学生因为教师顾及了他们的存在以及他们在课堂上生命活动的多样性，也会满怀热情参与课堂学习。当师生全身心投入到课堂教学中时，课堂也就脱去僵死的外衣，显露出无限的生机。

10. 以课程标准为依据，把握课堂的高度。新课标是教学起始的依据，也是教学结束的评价目标，课程标准的高度，就是我们"自然语文教学"课堂的高度。如新课标中对"主要内容"的有关叙述有：第二学段，"能初步把握文章的主要内容"。第四学段，"理解主要内容"。从以上的阶段目标中，我们可以感悟到：课题及教学目标中用"把握"，而不用"理解"，在中学段是比较合适的。第二学段用了"初步"，而第四学段没有用"初步"，这说明在把握理解主要内容的要求上各学段是有所不同的，应有一个由易到难、循序渐进的过程。教学设计中，将"把握"前的状语"初步"去掉，是考虑第二学段是"初步"，而中学毕业（第三学段）应提高要求，所以教学目标中就不用"初步"了。在第三学段的分目标中，没有提到有关"主要内容"的词句，但绝不是第三学段就不要"把握主要内容"的训练，而是要做好二、四学段的衔接工作。在教学设计中，"把握文章的主要内容"包括"怎样把握"和"把握得怎样"，故教学目标 1 为提"方法"的要求。教学目标 2 为提"呈现形式"的要求。可以说，标题与教学要求的"度"是正确的。

综上所述，自然语文师技自然的课堂是生态课堂。"生态"是指自然环境中生物与生物之间、生物与生存环境之间相互作用的动态平衡关系。从生态学的视角看，课堂构成一个微观的生态系统，教师、学生、环境三者之间形成一种相互依存、相互制约、多元互动的关系。师技自然的自然语文课堂追求的是师与生、人与文、情与理、导与放、思与悟等方面的平衡、统一、亲和、融洽，打造一种自然、和谐、开放、创新的语文课堂。自然语文教学课堂，不再是实验的跑道，而是达成个人转变的通道，它应具有非预设性和发展性，其课堂教学的节奏、内容、语言、活动等都应是动态生成的，教学过程应充满变化和灵动，充满诗意和创造。所以，要给学生留有较大的空间让其生疑、质疑、辩疑，并引导学生跳出教材，扩展探究，给学生评点的自由。这就要求我们的语文教师要拥有一双慧眼，敏锐地发现、捕捉这些资源并加以利用，在文本对话、师生对话、同伴对话中互补、互构、互融，从而真正成为学生发展的朋友和学习的伙伴，使凝固的自然语文课堂场景变成一幅幅鲜活而生动的画面，流淌出生命的亮彩。

六、自然语文师道自然

自然语文师道自然，倡自然阅读，崇尚母语本源；兴自由习作，践行儿童本位；重自主体验，追求实效本真；引自能探究，注重学科本色。自然语文的教育，不是强迫，而是引导；不是灌输，而是浸润；不是施压，而是影响；不是改造，而是改变。它不是让孩子必须成为什么样的人，而是帮助他成为应该成为的那样的人。

自然语文师道自然，在于积淀孩子素养，提升孩子素质，因而把孩子的品行操守看得比一纸分数更重要，把孩子的人文素养看得比考试成绩更重要，把育人看得比育才更重要。自然语文的教育将不再以"分"为向导，以"考"为法宝，以片面追求教育的 GDP 为目标，而是基于"人"的哲学考量与追问，把培养一个个精神独立、人格完整、品德高尚、懂得担当，能够自食其力的合格公民作为己任。

自然语文师道自然，当以人为本，遵从人性，尊重孩子的生命个性，解放孩子的身心，给他们自由发展的空间，鼓励他们不断尝试、直面挫折。一个人只有在自由的状态下，才有可能重新发现自己的潜能和个性。而教育不应该成为枷锁和禁锢，紧紧地攥着孩子。自然语文的教育，会无限相信学生的学习潜力和发展的可能，把课堂还给学生，把时间还给学生，把学习的主动权还给学生，会让学生在自主学习、合作学习、愉快学习、探究学习中学会学习，快乐成长，而不是让学生凭死记硬背，死整蛮干，靠拼时间、拼体力甚至拼生命的方式去提高考试成绩。

自然语文师道自然，就是以学习语言为本体。语文教学的根本任务就是学习语言。"学习语言"是"本体语文"体系中的理论核心，是对语文教学客观规律的深刻揭示。语感教学服从、服务于本体论。学习语言与研究语言不同："学习语言"，主要是指通过感受、领悟、积累语言材料（即"吸收"，其主要途径是听、读）和运用语言（即"表达"，其途径是说、写）来提高语文能力；"研究语言"，则是针对语言材料或者语言现象，从不同方面、不同角度揭示其规律。自然语文从繁茂芜杂的语文教学现象中发现了提高语文教学效率的三条基本规律，即一个根本目的——指导学生学习语言；一条指导学生学习语言的基本途径——感受—领悟—积累—运用的途径；一种教师指导的重要方法——语感教学法。这三条基本规律是"自然语文"的内核。

自然语文师道自然，"精心设计"是实现高效语文的重要前提，"精讲精练"是实现高效语文的有效策略。所谓"精心设计"：一是"讲"的设计要"精"，这才能扩大教学容量。保证教学质量，提高学习效率，把课外作业放在课内完成，切实减轻学生的课业负担。二"练"的设计要"精"，这才能用较少的时间和精力，取得较多的收益。可见，"精心设计"与"精讲精练"是相互联系的一个整体，关键在于一个"精"字。"精"要求帮助学生把握规律性知识，教给学生学习方法，培养学生的创造能力。善哉！自然语文师道自然：语可语，非常语；文可文，非常文；教可教，非常教；课可课，非常课；师可师，非常师；学可学，非常学……自然语文师道自然：本曰生态，教法自然；妙在点燃，技法自然；巧以唤醒，学法自然；伟在成长，师法自然。

第二节　自然语文的自然理念

进入 21 世纪十多年来，我国的语文教改取得了丰硕的成果，在语文教育界，出现了百家争鸣、百花齐放的喜人局面，语文教改名家辈出，成绩斐然，但审视我们的语文教学，问题仍然不少，最明显的现象就是学生学习语文的兴趣越来越淡了。春花的智慧在于燃尽生命的怒放，于是有了草长莺飞，最美人间四月天。夏蝉的智慧在于蛰伏地底十七年，于是有了一朝破土，一鸣惊人。凤凰的智慧在于烈火的淬炼，于是有了脱胎换骨，涅槃重生……而自然语文的智慧，却远不止此。

一、浮躁的时代呼唤自然语文

从八十年代起至今，三十余年的时间里，这些从西方大规模引进的更迭不息的文化、哲学、文学理论，在给中国的语文界带来自由新鲜空气的同时，带来的更多的是迷茫和惶惑。本来纯真的语文，竟然有了"假语文""伪语文"和"本真语文"之别，更有"大语文""小语文"与"泛语文"之分。有人的地方就有江湖，有"语文"的地方就有纷争。谁说文人不血性，试看今日各派"语文人"。最无辜的还得数广大语文教师，身处语文课改的洪流里，面对"乱花渐欲迷人眼"的各式"语文"，没有清醒的大脑和超强的定力，绝对无法自持。"从一而终"不好，"遍采百花"也不行，"固守根本"又会被斥为"迂腐守旧"；名师所要做的不是"扯大旗""立山头"，四处奔走呼号以让别人拜入自己的"山门"，也不是"同室操戈"，而是将自己独到的宝贵经验在与他人的碰撞交流中实现融合，造福普通语文教师和广大学子。语文还应该是"自然"一些为妙。

较之于其他基础学科而言，语文可算是最热闹的一门学科了，"××语文"和"语文××"你方唱罢我登场，都标榜自己抓住了语文的本质属性，践行的是最本真的语文教育。在"山头"林立的语文世界里，各派"宗师"都能为己方找到有利的"靠山"：从行为主义到人本主义；从结构主义到解构主义；从现实主义到后现代主义；从现象派到读者反应派；从作者中心说到文本中心说，又到读者中心说，直到"主体间性"；等等。明智之士不难发现，提出"××语文"或"语文××"理念的无一不是名师，这些名师在形成自己的教学风格后，从西方搬来一套理论来作为自己教学理念的支撑，然后在自己的影响范围内将自己的"××语文"或"语文××"观推而广之。而这些被倚为"靠山"的理论依据，无一不是舶来品。

自然语文最要紧的不是创新，而是守正，守住语文的根本。关于语文是什么，教什么，怎么教，《义务教育语文课程标准(2011年版)》里说得很分明。太多的"××

语文"或"语文××"，只会让语文更为复杂化、神秘化。我们敬畏语文，但不可神化语文。用维特根斯坦的话来说，就是要"贴着地面行走，不在云端跳舞"。玄而又玄，空而又空的"语文口号"并不利于语文的健康发展，也不利于学生语文素养的提升。当前的语文教育，要自觉地摒弃浮华，返归本真，"用语文的方法教语文"，真正地让学生掌握汉语言表达的基本技能，丰厚人文底蕴，进而涵养品质，陶冶性情，以适应人生和社会的需要。

不管你是各式"语文"中的哪一派，忽视语文学科的语用性，拔高语文的人文性，或是违背师生的"主体间性"，教学"多元无界"，都是脱离语文学科基本属性的"空中楼阁"。语文的出发点是文本语言，语言是存在的家园，是精神的栖居地。只要让语文教育真正落到实处，那么钱理群先生倡导的"为学生的终身发展打下精神的底子"就不再是镜中花、水中月。

语文教改的关键还是要改革课堂结构，而课堂结构改革则需要转变教师的教学思想。因为有什么样的教学思想就可能出现什么样的教学方法，随之就会出现什么样的课堂结构。所以说，课堂结构的改革受教学思想的制约。因而，笔者认为，作为新世纪的语文教师，必须树立"三个一切"的新型教育观，即"一切为了孩子；为了一切孩子；为了孩子一切"。这是很多学校写在墙上的很有意思的标语，也是素质教育深刻内涵的最简易、形象的表达方式，我们不但要写在墙上，还要挂在口上，记在心上，落实到教学实践上。

二、自然语文——"自然"在哪里

自然语文的教育之道，道在心灵。自然语文的教育是以心灵感应心灵的过程。欲望显示存在，而心灵决定存在的品质。一个人的快乐与幸福，不是由你获得多少来决定，而是决定于你体验到多少。毫不客气地说，如果教育未能触及人的灵魂，未能引起灵魂深处的变革，就不能称其为教育。如果孩子们的心灵没有被教师感应到，那么教育的本质将离我们越来越远。其实，教育的全部秘密在于解放，在于尝试放弃控制之心，渐渐地，不仅解放孩子，也解放自己。

爱，是自然语文教育的前提，而且这种爱应是真诚的、发自内心的，让孩子们能感受得到的。教师之爱，应是透彻的爱，是不含杂质的爱，是宽容而不纵容、关心而不包办、严管而不强制的爱。教育的真谛，就在于以仁爱之心点燃梦想之火，以信任之剑斩断心灵枷锁，以唤醒之手开启灵魂之门。只有这样，学校才能化知识为智慧，变文明成人格；只有这样，教育才能焕发出人性的光辉，释放出巨大的能量和持久的效力。现今的教育对知识"情有独钟"，以分数衡量一切，教育不再是对他人的体谅心、梦想以及对社会的贡献。马卡连柯曾说过："培养人，就是培养他对前途的希望。"教育的核心是什么？是培育孩子们心中的太阳，教育就是用自己心中的阳光去照耀孩子的心灵。学生在教师的引导下，逐渐成长，进而孕育出自己心中的太阳，然后去照亮自己和别人，去照耀整个世界。

自然语文的教育观认为，儿童的内心世界是纯真而透明的，充满了爱与梦想，是一个与成人世界大不一样的天地。一味地管教、苛责、束缚只会压抑其个性，使学生原本丰盈的心灵之泉枯竭，原本充满希望的梦破灭，原本多彩的人生因此而黯淡。每一个人都渴望被人尊重、被人信任。一位哲人曾经说过，信任是开启心扉的钥匙。一个赞许的目光，一句肯定的话语，一次成功的鼓励，都会使人产生奋发向上的动力，点燃内心的希望。自然语文与尊重观念密切相关，教育有三个"不能超越"：孩子们的生命健康不能超越，人格尊严不能超越，个体差异不能超越。无论我们的压力有多大，这三个"不能超越"须时刻谨记。不为孩子设定统一的成长标准，不拿孩子互相比较，接受孩子最自然、本真的状态，这在教育过程中至关重要。

自然语文的教育之初心在于激发想象，而不是灌输知识；自然语文的教育之初心在于发展理性，而不是讲授道理；自然语文的教育之初心在于鼓励崇高，而不是理解规范；自然语文的教育之初心在于丰盈灵魂，而不是掌握技艺；自然语文的教育之初心在于温暖心灵，而不是强化记忆；自然语文的教育之初心在于点亮人生，而不是预知未来。如杜威所言：教育即生长，生长就是目的，在生长之外别无目的。毫无疑问，当我们用功利目标规范"生长"，其结果必然是压抑"生长"，实际上是否定了"生长"。须知，"生长"本身没有价值吗？一个想象大胆的人、一个性情完满的人、一个人格健全的人、一个心灵温暖的人、一个灵魂丰盈的人、一个精神崇高的人……难道不是既优秀又幸福的人吗？对于自然语文的教育，我们的初衷是这样的：努力让每一个儿童富有爱心，心地善良，灵魂高贵、干净，对多样的世界秉持宽容与尊重；努力让他热爱学习，有学习的愿望、热情与能力；努力让他有自由的头脑，能有尊严地面对世界；努力让他有丰富的心灵，服膺真理与崇尚智慧。当然，每一个学习者都是异常复杂的。在父母眼里，每一个孩子都是了不起的；在教师眼里，"没有教不好的学生"是一个谬论。我相信，自然语文的教育不是万能的，"七分天生，三分教育"。但是，每一个儿童都有他的福祉，每一个儿童都有他的未来，你何苦那么担心他眼前的这点成绩呢？看得远一些吧，这是一位教育者应有的深邃！

自然语文的教育就是用温情去感应儿童的存在，就是用饱满的热情和积极的态度去感染儿童的心灵，就是让儿童内心洒满阳光的社会活动。教育有时就像品一杯香茗，入口清淡却回味悠长，浮躁的心田会因此宁静如丝，冰冷的世界会因此温暖如春。因为纯粹，教育是真诚的；因为享受，教育是幸福的；因为用心，教育是智慧的；因为大爱在心，教育是温暖的。

自然语文的教育应该是一个洋溢温暖、注足温馨、充满温情的过程。让每一个儿童成人，让众多孩子成才；让每一个儿童合格，让更多孩子优秀；让每一个人成为最好的自己，这才是"暖教育"的姿态。自然语文的教育是一门温暖的功课。温暖自己，温暖儿童。它就像小火煨汤：精心熬制，慢慢炖煮……最后，那种特有的香气就会弥漫在你的生命周遭、贯穿你的生命全程。一名有理想的教师，应该是有温度的教师，应该具有强烈的愿景、温暖的情怀。做一个温暖心灵、点亮人生的教师，才是最幸福的。教育不是"选择"，而是"栽培"；教育不是"损益"，而是"成全"。

养鱼贵在养水，养花贵在养土，而自然语文的教育则贵在温暖人心。自然语文的教师怀揣着对教育的崇敬和真情。做一个内心温暖而精神富足的人吧，带着阳光行走，温暖别人，快乐自己！教育是温暖人心的事业。温暖似火，融化坚冰；温暖似水，润泽万物；温暖似光，驱散黑暗。教育是饱含激情的书写。凡称得上教育的东西，绝对不能缺少温度，不能缺少人性需要的精神温度，不能缺少让孩子心灵富足的精神温度。"大拇指"永远比"食指"更贴近儿童的心灵世界。

三、"自然语文"变"课本语文"为"生活语文"

"呼山不来，我去就山"，自然语文的智慧在于变通，自然语文崇尚创新改变。然而生活中却有许多人不知变通，只知一条胡同走到底。就像许多家长为了让自己的孩子变得优秀，不顾孩子自己的实际情况，盲目地要求他们考好分数、读好大学一样。于是易中天先生批评道：龙，怪兽也；器，器材也；材，木材也。现在的家长让孩子成为怪兽、器材、木材，就是不成人。这么说也许过于绝对，但不可否认的是，只把"好分数""好大学"作为评价孩子的唯一标准，确实有些病态了。正如奥斯卡·王尔德所说，成为你自己，因为别的都有人做了。我们不必将自己禁锢在一条模仿他人的路上，而应绽放自己的芬芳，成为最好的自己。自然语文的智慧虽然没有翅膀飞翔，没有脚奔跑，但它知道变通，同样能到达世界每一个角落。"自然语文"变"课本语文"为"生活语文"。

1. 变"教学"为"助学"。"教学"一词的本义是手里拿着戒尺的私塾先生的形象，当教师的谁都不愿意做那样摇头晃脑的老古董，那就助学吧。"助"者，用力帮助也，"学"字由上下两部分组成，上为屋形，就是学堂，下为孩子，小孩子是学堂的主体，所以，"助学"的意思是帮助孩子学习，让孩子成为学习的主体。唯其如此，才能替学生着想，才能"一切为了孩子"。

2. 变"讲台"为"平台"。身为教师，应该认识到，站在讲台上不是高人一等，不是居高临下。"讲台"原是古代作战双方战后握手讲和的地方，互相尊重是不可或缺的前提条件。因而，尊重学生理应成为新时代教师必须具备的基本素养。事实上，一个不尊重学生的教师同样也得不到学生的尊重。对于这一点，早在我国古代，人们就有清醒而深刻的认识，老子称学生为弟子，弟等于兄弟，有朋友之间的友情，又等于自己的孩子。天下没有人嫌弃自己的孩子，这就是爱生如子，当教师的若能经常考虑到孩子的心理等诸方面的承受能力，也就做到了"为了孩子的一切"。作为自然语文的教师，谁都希望自己的学生聪明、勤奋、有出息，但人是有差异的，面对差异，对不同的学生提出不同的要求，这是我们唯一的选择。也就是不放弃任何一个差生，面对一切孩子。

3. 变"课本"为"生活"。自然语文大力拓宽语文课堂的视野，不把学生局限于课本，生活中时时处处有"语文"。"课文只是例子"，叶老的这句话被人们广泛引用，但真正这样做的并不是很多。鼓励学生关注生活中的语文：由课内延伸到课外，由课外延伸到社会。操作方式可灵活多样，如"美文摘编""奇文欣赏""名言集锦""街市错字拾零"等，这些方式学生容易接受，也乐于这样做，作为教师也可以寓教于乐，何乐不为？

自然语文教师在教学中若能根据语文课程资源的特点，开展一些特色鲜明的实践活动，必将成为开阔学生视野，活跃学生思维，陶冶学生情操，发展学生语言，培养学生实践与创新能力，全面提升学生综合素养，促进学生茁壮成长的重要环节。

自然语文课堂就要营造幸福的语文世界。在这个世界中，师生课前有一种期待，课中有一种满足，课后有一种留恋。那样，语文连同我们自己才会变得简单而又深刻，清晰而又丰富，独特而又生机勃勃，质朴而又楚楚动人。这样的课堂不人为制造高潮，不追求"完美"，只遵循课堂的自然生态。我们围绕"自然大课堂、生活大语文"的主题，积极开展"幸福塑心"爱国活动，就是用"幸福语文"的实践活动来塑造学生的美好心灵，引领学生走进"知我中华，爱我中华，壮我中华"的新境界。例如，参加我爱中华读书知识竞赛，争做"爱国"小博士；听或讲革命故事，争当爱国故事大王；讲出十个祖国大中城市名称，争当国情小能手；会唱十首爱国歌曲，争当"爱国"小歌星；说出十名爱国英雄名字，争当祖国好少年；看十本（部）歌颂祖国的书籍（影视剧），争当"爱国"小书（影）迷；交十个朋友，争当"爱国"小天使；做十件好事，争做"爱国"小雷锋；学十件家务事，争当孝敬父母的好孩子；写十篇赞美家乡的好文章，争当"爱国"小作家，画十幅赞美祖国的画，争当"爱国"小画家。针对学生的年级特点，我们将"幸福塑心"爱乡爱国活动分为三个层次：低年级，侧重以"听""说""读"为内容的实践活动；中年级，侧重以"唱""记""干"为内容的实践活动；高年级，侧重开展以"参加""做""写"为内容的实践活动。完成这样的实践性作业，学生的心灵受到熏陶，语言得到发展，实践能力得到提高。"自然大课堂、生活大语文"引导学生在"学中玩"，在"玩中学"，在"学中做"，营造幸福特色的教与学，努力把学校打造成学生幸福成长的乐园，使学生在学习语文中体味幸福感觉，在求知中探求学习语文的愉悦心境，让每一天的校园生活都有阳光照耀，让孩子每一天都能为自己的成长进步而高兴。在"自然大课堂、生活大语文"的活动中，学生的人格得到尊重，身心得以放松，知识不断丰富，能力逐步增强，尤其是自主意识和独立精神得以张扬。如我们开展"亲近汉阴"的实践活动，促进学生了解汉阴，热爱汉阴，歌颂汉阴，保护汉阴。其具体活动包括：①诵读诗词。查找各种描写汉阴的诗歌散文，朗读背诵其中的名篇佳作，感悟汉阴之美，领略古今文人墨客对汉阴的喜爱之情。②高唱赞歌。听一听、唱一唱赞美汉阴的歌曲。③实地考察。走到月河边，看一看沿河两岸的环保、河水，了解颖河的现状。④保护汉阴。访问环保部门，呼吁大家保护月河。⑤抒发情怀。汉阴有那么多风景名胜，选一处自己喜欢的景点，写一句广告词，或者写一句环保广告语；或者尝试写介绍汉阴的解说词或者赞美汉阴的文章。组织学生调查节日民俗，写一写有名的小吃；亲自当一回服务员，体验服务生活；探究汉阴城的物华之彩，神韵之髓，追寻家乡的历史文化底蕴；走近创业名人，了解他们的创业史；为家乡设计广告语，展望家乡的明天等。学生们在调查、思考、交流、表达中进一步提高了语文综合素质，增强了对家乡的热爱，这些具有地方色彩的教学资源，使语文教学贴近生活，充满童趣和灵性。

自然语文教学应"两条腿走路，课内课外并重"，自然语文倡导大阅读观。自然语文的课堂指导学生读书，不仅仅是指导阅读文字的书，还指导学生阅读生活的书、实践的书、音乐书、图画书、影视的书，以及方方面面的书。

《义务教育语文课程标准（2011 年版）》"提倡跨领域学习，与其他课程相配合。"

自然语文认为，语文的字词考订、章句拆解、知识传授、思想灌输固然是必要的，但绝不是文学教育的全部，甚至也不是文学教育的最终目的，只不过是实现文学教育最终目的的基础。语文学科不再是辅助其他学科的工具性学科，而是能复合其他学科的综合性学科。学生语文知识的获得，学习能力的提高，语文素养的养成，不仅仅是通过语文课本，也通过与其他学科的结合，与学生生活体验、社会生活的联系。因此，幸福大课堂的教师有意识地突破学科界限，加强与各学科的联系，打破传统语文教学的学科壁垒，与音乐、美术等其他学科间相融，汲取多方面的营养，综合性地学语文，用语文，全面提高语文素养。

四、自然语文的教育教学之道

自然语文的教育观认为，教育是生态，道法自然；教育是点燃，技法自然；教育是唤醒，学法自然；教育是成长，师法自然。教可教，非常教；课可课，非常课；师可师，非常师；学可学，非常学……人需要教育，不是为了谋生或成为外在社会期望的人，而是为了自身精神的追求，为了丰富自己的生活，过一种"诗意的人生"，得到一种精神上的享受。

自然语文不是主观臆想，更不是空中楼阁。她是有源的。我们可以从徽商文化中寻变革，从桐城文化中寻厚重，从建安文化中寻诗意，从江河文化中寻激情，从老子文化中寻自然，从庄子文化中寻瑰丽。她是有根的。自然语文教育理念先进，课改成果丰硕，更重要的是，安徽阜阳十中人古朴厚重，勤学善思，对教育有义，对职业有情，这是"自然课堂"生长的沃土与根基。她是有形的。儒雅是她的风骨，自然是她的风韵，真诚是她的风度，务实是她的风范，智慧是她的风采。她大器而不失细腻，豪放而不失婉约，庄重而不失灵动。

自然语文让我们更真切地感受到教育的真谛。教育是现代人生活的一部分，教育是人性成长的追求，教育从根本上说是培养人们感受幸福，追求幸福，创造幸福的能力。教育之于幸福不是外借于它，而是教育本身的应有之意。教育通过知识技能的掌握，智慧的增长，德行的完善，人在活动中达到自由的境界，从而获得愉悦的幸福感受，这是教育本体价值的体现。人的需要是丰富的，满足人的需要的教育内容也应该是丰富多彩的，教育的各个方面不但能适应未来的社会生活，而且能满足人自身的需要，具有个人享用价值。应该看到，德、智、体、美、劳是至今最完美的教育组成部分。这五个不同方面，既相互渗透，相互联系、相互制约和促进，分别具有不能相互代替的作用和价值。以升学、分数为目的的教育不仅其教育活动本身不可能幸福，而且其目的也是使学生日渐远离幸福。教育的事业是一种面向未来的事业，不仅面向社会的未来，而且面向个人的未来。教育追求一种"应然"理想，创造一种可能的生活，幸福即是源于可能的生活，可能生活的实现意味着幸福的获得。所以，教育通过创造可能的生活，通过可能生活的现实转化，获得了幸福的底蕴。

自然语文的教育不是训练，是生活，是创新。在长期的计划经济体制影响下，我国的教育也十分强调统一：统一的目标、统一的内容、统一的进度、统一的学期学年。我国的教育常常以"标准化"的方法把学生培养成同一模式的制成品，学生没有自主选择的余地。正如钟启泉教授指出的那样：没有选择的教育，不讲个性的教育，充其量不过是一种训练，而不是真正的教育。教育不只是使人成为社会需要的好公民，得以适应社会的存在，而且更深刻地体现在它展示了现代社会个人自我完善、自我发展的需要，教育如同吃饭、睡觉一样，是生活的一种形式，而且是一种高级的精神生活。现实的社会生活是教育内容的重要源头。教育是现实的社会生活的一个有机的组成部分，它不可能立于现实生活之外。封闭、保守、划一的学科中心主义，与沸腾的社会生活脱节，与知识更新的速度脱节，抑制学生个性的发展。学生的创新能力是训练不出来的，它是教育引发的结果。为此，新课程倡导我们要改"教师讲学生听"的注入式教学为启发引导。"自然课堂"教师的教学活动以学生的认识发展水平和已有的知识经验为基础，内容的呈现采用不同的表达方式，以满足多样化的学习需求。为学生创设问题情景，让他们发散式地思考，培养他们乐于探索的积极态度，掌握科学探索的方法，形成发现问题，分析问题，解决问题的能力。"自然课堂"为学生创造一个敢于发表意见、敢于质疑问难的宽松环境。对于学生提出的各种观点，哪怕是不成熟的点滴想法，教师都要充分的尊重和鼓励，用积极的语言消除学生的恐惧心理。创新的火花只有在一个畅所欲言的、宽松自由的环境中通过相互的碰撞中，才能迸发出来。

自然语文的教育不是管束，是唤醒，是发现。管束，指管理和约束。"没有规矩，不成方圆"，这是强调它的积极意义。另一方面，管束的消极影响也是非常明显的。英国教育家洛克指出："假如管教到了极度严酷的地步，也可以治好目前任性的毛病，但是接着下来的常是更恶劣更危险的心情颓丧的毛病，那时你便算是丧失了一个放荡不羁的青年，换来了一个心情沮丧的家伙……实则这种儿童终生终世对于自己和别人都是没有用处的。"洛克进一步强调，一些"放荡不羁的青年，都是生龙活虎一般，精神十分饱满的，一旦走上轨道，通常可以变成一些能干、伟大的人物。心情沮丧的儿童就不然了，他们的态度是怯懦的，精神是抑郁的、很不容易振作起来，极难做出什么事业"。当前，独生子女被普遍认为是难管教，因而教育者更是不知不觉地增强管理者的角色意识，把师生关系纳入管与被管的单一关系之中。但是正如鲁洁教授所说，管理者与被管理者的关系不能囊括所有的师生关系，管理者的角色也不是教师唯一乃至主要的角色。强化管理的结果，只能是限定学生的所作所为，难以影响学生的所思所想。然而，并不是说学生不需要管束。正如苏霍姆林斯基在谈到教育管理时说："一条简单而明智的真理，这就是：你向自己的学生提出一条禁律，就应当同时提出十条鼓励——鼓励他们从事积极的活动。不需要处处都用禁律去约束孩子，而要解除，给他们以充分的自由，鼓励他们去活动。例如：用不着教训孩子说：'不许摘校园里的花！'而应当对他们说：'你们每个人都应当在校园里栽一株花，精心地去照料它。'"因此，"自然课堂"教育是一种唤醒，它要唤醒学生的积极性，上进心；它是一种关爱，一种期待；它是一种发现，它要发现学生心灵的火花，使星星之火发展为燎原大火。要让学生在和谐开放的学校环境中，不断学会做人、学会学习、学会生存、学会创造、学会关心、学会合作，不断弘扬人的主体性，在品味成功的愉悦中，不断发挥潜能，努力开拓创新。

自然语文的教育是自然育人，是改革创新。现在教育在全社会的功利心态下，变成了一个加工解题高手的工厂。孩子成了会做各种难题的熟练工人，没有思想没有创造力，只有标准答案，更不谈人品道德。自然课堂教育的本质是育人，即培养健康人格，而不是传道授业解惑。一个人只有具备健康的人格，才能成为富有道德情感的正直公民，才能成人、成才、成功。这既是人的立身之根，也是立家、立国之根，当然也是家庭教育之本。教育本来就是这样的功能，只是在现在这个社会中变味了。

自然语文教育的核心是育人，学校教育就是以对美善事物的欲求来激励个体成人；学校教育的根本着眼点是学生，学生之所以为学生的根本在于积极向学的生命；教师之所以为教师就是活在师生关系之中，成全学生的生命；教学就是师生一道，让学生学习，促成学生自主发展的活动；人文校园给师生优良的学校教育生活提供背景，学校教育就其实质而言，就是师生在人文校园中所发生的活生生的交往；好的校长把教育的本质带入当下，让学校教育的理想一点点向着现实转化。自然课堂教育的核心不是传授知识，而是学会做人。

自然语文的教育首先给学生提供的是一个文明的视野，让他看到世界有多大，天有多高，地有多厚，让他看到古往今来人类走过一条怎么样的道路，让他打开视野，认识这个世界、这个时代，这才是首要的目标，然后才是知识和方法。作为一名真正的自然课堂的教育者，应该具备童心、爱心和责任心：童心使他能走进儿童的心灵，爱心使他能把整个心灵献给孩子，而责任心则能使他站在人生和时代的高度，着眼于儿童的未来与社会的未来培养出追求真理的真人。"自然课堂"的教师要尽量使自己具备"学生的心灵"——用"学生的大脑"去思考，用"学生的眼光"去看待，用"学生的情感"去体验，用"学生的兴趣"去爱好！

自然语文不断地向本真靠近。"自然课堂"的本真，就是培养什么样的人、怎样培养人。自然课堂的本真，就是教书育人，立德树人。"自然课堂"就是拨云见日，发现儿童，把社会的还给社会，把教师的还给教师，把家长的还给家长，最后，让学生显山露水，真正成为主角。"自然课堂"教学的出发点是学生，落脚点还是学生。按教育规律办事，最重要的是按儿童生理、心理的成长规律办事，社会、教师、家长都要为儿童服务而不是为儿童做主。"自然课堂"的教育终极目标是让儿童在快乐和幸福中学有所成。

　　自然语文自成佳构，自出境界，那境界便是"简单的复杂"。在一片喧嚣声中，"自然课堂"有着自己的操守。那些高潮迭起却目标虚化的课堂不是"自然课堂"；那些天衣无缝却目中无人的课堂不是"自然课堂"；那些口若悬河却言之无物的课堂不是"自然课堂"；那些训练到位却无情无趣的课堂不是"自然课堂"；那些奢华演绎却漠视"运用"的课堂不是"自然课堂"。我以为，课堂教学有四重境界，最高境界便是"简单的复杂"，环节简单，方法简单，过程简单，但学生语言与思维的提升却不简单。其次是"复杂的复杂"过程繁复，策略繁多，学生有时收获颇丰，有时却误入歧途。再次是"简单的简单"，没有思想与底蕴的支撑，简单是简单了，里面空无一物，学生一无所获。最糟糕的是"复杂的简单"。学生不仅没有获得人文素养的提升，还要忍受花样繁多的方法的折磨。大道至简，简中有大道。简不是空洞的代名词，不是平庸的同义语。环节简省，更需要对核心目标的高度敏感与洞察；过程简省，更需要对学习主体的顺应与尊重；方法简省，更需要对教学艺术的谙熟与体悟；指导简省，更需要对学科教学背后的秘妙和学情变化作恰到好处地拿捏和融通。把语文教复杂，只需要时间，而把语文教简单，却依然能得到不简单的收获，那需要智慧。我们不奢求一招制胜，但我们要追求招招有根，简约高效。这"根"便是"自然课堂"基于学科知识的运用与实践，这"效"便是"自然课堂"学生综合素养的整体提升。以简驭繁，以少胜多是教育的大智慧大境界。拥有这样的课堂才是"自然课堂"人最可靠的证明。

　　自然语文的模样是自然的，精心预设但不拘泥于预设，巧妙点拨但不受制于点拨。顺学而导，顺势而教，行云流水，自然而然。"自然课堂"是真实的，不出虚招，伪招，怪招，不把方法拉出来示众，不把课堂当作秀场。"自然课堂"应该是跌宕的，或昂扬，或低沉，或灵动，或沉静，情绪是激荡的，思维是跳跃的，过程充满着高峰体验。"自然课堂"是儒雅的，既有汉阴派之清真雅正，又有建安文学之质朴刚健。既有老子的宁静致远，又有庄子的浪漫多姿。"自然课堂"是开放的，无论是京派、浙派、沪派、苏派，还是粤派，不跪拜，亦不排斥。为我所用，兼容并包，融百家之长，汇各派精髓，成一家之风范。"自然课堂"是多元的，她不是一个模式，一个样貌，一个声音，一个风格。她是在徽文化的滋养下，在语言文字的土壤里长出来的形态各异的花，结出来的味道不同的果。

自然语文是一个符号，更是一片绝美的风景，等待着孩童慢慢走近细细欣赏；"自然课堂"是一面旗帜，更是一条通幽的小径，等待着孩童去领受豁然开朗，云卷云舒；"自然课堂"是一个概念，更是一个宏大的课题，等待着我们每个语文人孜孜以求，默默耕耘。

自然语文有四大支柱：一是以 2011 年版《义务教育语文课程标准》为导引，二是以汉阴文化为重点的中华优秀传统文化为根基，三是以生本教学等新策略为抓手，四是以课内外一体化和谐育人为架构。

自然语文是立体的，丰富的。如果说她是一首交响乐，那她必是四重奏，是四大旋律的组合体。第一大旋律是"生本"。本立而道生。舍本逐末，着力越多，去之越远。固本培元，方能以少胜多，事半功倍。以生为本是教育的原点，亦是教学的出发点。一个真正的教育人应该常态地追问：我是谁？为了谁？学生在哪里？提升在哪里？如此，才能走出零起点，让学生真质疑，敢质疑，能质疑，让学生的质疑成习惯，如此才会不再为了课堂的所谓"安全"而扼杀思维的生长，泛滥虚假的应答。"生本"是"自然课堂"最基本的旋律。第二大旋律是"活用"。少一点穷追猛问，支离破碎，多一点品词析句，举一反三；少一点言语霸权，教师表演，多一点自读自悟，潜心会文；少一点花拳绣腿，装腔作势，多一点自主表达，合作探究。"活用"是"自然课堂"最厚重的旋律。第三大旋律是和谐育人一体化。课内之要在于得法，课外之要在于发展。只重课内，必然营养不良，弱不禁风；只重课外，必然骨骼松散，举步维艰。和谐育人一体化是"自然课堂"最芳香的旋律。第四大旋律是情趣。情趣是"自然课堂"最动人的旋律。

"自然课堂"有这样一种气质，她严谨而不失灵动，儒雅而不失热烈，自信而不失包容；"自然课堂"需要有这样一种自觉——以悲悯的情怀呵护童心，以专业的眼光审视教育，以理想的愿景改造课堂；"自然课堂"需要有这样一种状态——沉醉语文，迷恋课堂，钟情生命；"自然课堂"需要教育人每天过一点有文字的生活，在阅读中触摸思想的美丽，在诵读中品茗文字的味道，在表达中记录生命的模样。"自然课堂"的内涵与样貌等待着每个浸润于徽风皖韵的安徽阜阳十中人去阐释，去践行。

自然语文是开放的，变化的，多元的。如果有样貌的话，那也是风格各异，心有灵犀的汉阴教育人的群像；如果有表情的话，那也是眼中含真情，胸中有丘壑，手中有方略的汉阴教育人共同的表情。将来，我们与教育发达省市同仁们比肩时，有的绝不是源于自卑的低调，缺乏底气的谦和，因为那时我们将有难以尽数的"自然课堂"精英与骨干，我们每个人身上散发的人文味，文化味，连同着陕西气派将征服所有曾经异样的眼神。只有自己足够强大，足够独特，才能获得相对等的尊重与荣耀。也许您会说，每天有忙不完的活，做不完的事，说不尽的苦涩，道不完的无奈。何谈有文字的生活？遑论理想课堂，"自然课堂"？我以为，当我们无法改变环境时，无法摆脱困顿时，改变心态与心境便是唯一的，也是最为明智的选择。否则，我们就真的是一无所有了。精神的愉悦更能指向生命的本质，灵魂的丰富将演化为一场生命的庆典。这庆典属于每个"自然课堂"人，属于每个成长中的孩童。生命将因此变得有模有样，有滋有味，那将是一种大幸运和大幸福！

只要开始就有成长，只要出发就有未来。当我们与自然语文走到一起，资源与智慧就会无限地扩张，汇聚，并形成不可估量的力量，惊艳全国的不是一枝杏花，二朵小荷，而是满园春色。自然语文的教育探索启示我们，作为一名教育工作者，都应有一幅自己心中理想的教育蓝图：有教无类——不分宗教，不分民族，不分性别，不分地域，不分老幼，每个人都能平等地接受教育。因材施教——不同的学生，有不同的兴趣特长，可以选择不同的学校，接受不同的教育。学校要为每个学生提供适合的教育。终身学习——所有的人都需要一辈子学习，哪怕是博士毕业，哪怕已经是教授。人要活到老，学到老，不断地充实和完善自己。当今的教育就是着手完善终身学习体系，建设学习型社会，实现"学有所教"的目标任务。人人成才——让每个孩子都能成为有用之才，让每一个生命都有出彩的机会。自然大课堂追求的教育理想境界就是——让知识走向智慧，让身体走向生命，让教育走向自然。

第三章　自然语文教学的有效策略

第一节　自然语文教学的课堂策略

美国超级营地创始人爱立克·詹森认为，影响学习的两个核心因素是状态和策略。状态好，就是指课堂最佳的学习氛围和学生积极的学习心态；策略佳，就是说我们的授课方式符合学习需求。自然语文教学应有教学新策略。

一、自然语文教学新策略：跳出语文教语文

自然语文的教学观认为，语文是和人的生命、生活接触最密切的学科。语文能力是在语文生活和语文实践中形成并发展起来的。把语文学习仅局限在课本、课堂之中，那是苍白、僵死、没有生命力的。课本和课堂之外存在着丰富多彩、鲜活生动、富有强大生命力的语文生活。提升学生语文素养，应该巧妙地发挥语文的工具性和人文性的作用，语文学习应该"跳"出僵化的模式和狭小的天地，跳出语文课堂、语言文章的小圈子，投入到"大语文"学习的广阔天地中，从而让学生尽情地享受生活、享受学习、享受生命的成长，获得其未来生活所必需的语文素养。

1. 自然语文跳出语文教材学语文。在中国，一套或几套教材几亿学生来学实属世界奇迹！我们在对教材指手画脚的同时，恐怕也难以拿出一套最佳方案。再说，"小学语文教材不是语文教学的唯一凭借"。作为教师，我们不能一味地埋怨教材编得怎样，因为再好的教材都有其局限性。我们应当树立新的教材观，使有限的教材（几十篇课文）发挥出无限的育人功能和无限的价值来。我们历来只把教材看成教本，其实教材更是学本。学生对教材才有真正的发言权、选择权和主动加工权。我

们应把课本彻底地放给学生，让他们根据自己的经验、兴趣学教材，创造性地使用教材，真正成为教材的使用者、研究者和改造者。开学第一周，我让每位学生利用一周的时间通览教材，从中选出自己最喜欢的课文，进行精读。他们在小组合作学习中或读，或背，或讲，或演，学得有滋有味，在疑难处还请求教师或别组同学帮助。当我问起一位一向讨厌背书的学生为什么也背得这样投入时，他的回答是："我热爱，我喜欢！"每次上语文课，孩子们都争着向我推荐他们想学的课文。看他们学习的情绪那样高昂，学得那样投入，我也常常沉浸在激动与幸福之中。正如《论语》中所说："知之者不如好之者，好之者不如乐之者。"每次拿到教材后，我首先让学生看一看编写说明。在编写说明后面，总能看到这样的语句："本书如有不当之处，请提出意见，以便修订时参考。"在书的封底，还会有"若有印刷装订错误，可向承印厂调换"等字样。教材是给小学生看的，教材中的问题当然也应当由小学生来发现、来提出，敢于向权威挑战。在对教材的研读中，每学期学生都会发现一些编写或印刷方面的错误。把教材彻底地放手给学生，学生便真的成了研究者和发现者。我经常与学生共同商定删除文质不美的课文，引导他们自编教材。首先让学生收集自己喜欢的格言、成语、名言、警句等，到报刊上找中外名著、名篇以及富有时代气息的文学精品，从中外寓言、童话、诗歌中选出美文，装订成册。然后自己制订背诵计划，每天背上一句、一条或一篇。最后把自编的教材与全班同学交流，实现资源共享。我的想法和追求是，不仅给孩子字、词、句、段、篇这些量的积累，还要让那些经过一代又一代人生命参与和证明的古今精品和人生格言警句，如空气一样滋养学生，如阳光一样照耀孩子的心灵，让每个学生的血液和骨髓里都充满先哲们的生命哲学和人生理想。同时，我还引导学生发挥自己的想象，通过收集资料，重组信息，创造性地对教材进行补充。如学习《一夜的工作》一文后，学生远远没有满足于对课文的熟读和背诵，他们想了解更多有关周恩来的事迹。于是，他们观看有关周恩来的影片，阅读周恩来去世后人们对他哀悼的新闻报道，让爷爷奶奶讲一些有关周恩来的故事，听赞颂周恩来的诗歌，到书店买一些介绍周恩来的书。最后把自己喜欢的内容"粘贴"到教材上。这时，学生才有一种满足感。他们对周恩来的认识也由浅入深，由感性到理性，真正体会到人民对这一伟人深深地怀念之情。

2. 自然语文跳出语文课堂学语文。在语文教学中我不断地将学生的视线引向校园、社会和家庭，引向图书室、阅览室、展览馆……有时讲课的不是任课教师，而是学生自己，是科学家及各方面专家，是工人，是农民……我时常带领学生参加社会团体举办的各种活动，进行一系列的采访和社会调查，增强感性认识，激发情感；带领学生到广阔的大自然中去，观察日月星辰的变化，欣赏花鸟虫鱼的可爱，陶冶情感；带领学生主动地参与到社会现实生活和科学研究中去，触及社会焦点，追踪时事话题，表达个人观点，培植理性情感。

跳出语文课堂学语文，首先要用好教材，发挥课本功效。新编教材编排思路、课文内容、单元提示、补充材料、语文活动、练习安排等都体现了编者的独到匠心、精心设计，对整个语文教学的目标、结构、方法都具有很强的指导意义。它是培养学生语文能力的主要依据，其中文章大都文字优美、内容丰富、语言形象，包含许多优秀的传统篇目，值得我们指导学生认真地学习与吸收。我们应该突破教材，拓宽学习空间。结合当前社会发展的新形势，选择报刊上反映现实生活中的精品并将其有机融入语文课堂教学中，使学生认识社会的各种现象。在引导学生及时了解国家大事，进行思想教育的同时，轻松自然地学习"无字之书"，提高语文综合素养。我们应立足课内，带动课外阅读。要真正增长语文能力，还需从课外阅读中得益。如学生学了《学弈》一课，对其精彩的故事很喜欢，我就向他们介绍《暖足》和《闻鸡起舞》《囊萤映雪》等成语故事，并利用黑板报选取其中的精辟含义，介绍给学生；通过对课外抄录名言警句进行评比，提高了他们的学习兴趣，带动了课外阅读。

其次要积极引领学生在实践中学习。在写作选材时，如何筛选出最能反映生活本质的东西并巧妙地将它们编织进自己的文章里去呢？对这一问题，不应只是教师的"一言堂"，而应更注意充分调动学生的"群言堂"。如在一节作文指导课上，先由教师读写校园的一个片断，再让学生指出教师哪些字读音不正确，哪里用词不当，哪里描写不够，哪里选材不当……同学们各抒己见，展开激烈争论，直至得出较为满意的结果。然后，教师话题一转："今天这节课，我们就根据刚才的订正与争辩写出自己的感受，题目是《当了老师的老师》。"一听这题目，同学们劲头十足，思路豁然大开，嘴角充满着笑意。试想，没有生活实践的经历、感受，又哪有作文的真情实感？

最后是要帮助学生在语文活动中提高。第二课堂能寓听、说、读、写于一体。一般内容有：语文讲座、语文墙报、知识竞赛、写作比赛、演讲比赛、日记与周记、创办刊物、手抄报和趣味语文活动等等。第二课堂绝不是要加重学生的课业负担，而是要卸下学生在应试教育中背上的种种包袱。如把写对联、搜集民间谚语等活动寓入文字游戏中，便可让学生在轻松愉悦的环境中增长知识，提高能力。

3. 自然语文跳出语文学科学语文。新的课程标准中首次提出学科间的综合问题，而语文学科有其自身的优势和责任，理应实现与其他学科的主动综合，使各科教学与语文学习建立紧密的联系。从而实现学生素质的整体提高，使其更具创造性和发展性。以下仅以语文学科与数学学科综合为例谈一谈我的做法。我首先向学生介绍了许多中外数学家的故事，如瑞士数学家欧拉，法国著名数学家彭加勒，英国哲学家数学家罗素，中国数学家华罗庚、苏步青、吴文俊等，他们不仅研究数学，写了许多数学方面的文章，还写了许多哲学著作和诗歌，有的还获得诺贝尔文学奖。如果同学们也能坚持写数学方面的文章，不仅可以把数学学得更好，还能把写作水平提高。学生写数学作文的愿望被激发起来了，我又引导学生讨论：数学作文该怎样写？有的建议写写数学日记，有的认为可以写一写某道题的巧妙解法，有的愿意向别人介绍自己学数学的经验，还有的想写一写自己的数学发现……从此，学生的日记中、习作中出现了不少有关数学方面的东西。此外，社会课、自然课、艺术课都可以找到与语文学习的结合点。只要确立"时时可以学语文，处处都要用语文"的理念，语文这潭活水将源源不断地流向各科的"农田"。

跳出语文学科学语文，应该积极引领学生主动参与学语文，首先要带领学生进入角色，体验真情。引导学生进入角色，体验人物的行为美、心灵美，获得情感的愉悦。如在教学《凡卡》后引导学生展开想象："老板一听凡卡寄信了，会怎样说？

假设老板手下的人真把逃离的凡卡抓回来了，凡卡又会怎样为自己辩说呢？"学生们的思维像打开了闸门的堤坝，各抒己见，跃跃欲试，课堂气氛十分活跃。

跳出语文学科学语文，在教学中必须注重文化的构建，遵循熏陶浸染、积淀涵养、感悟体验、运用提升等语文学习规律，培养学生热爱母语的情感、关注语文的敏感与领悟语言的语感，从而协同渐进地提升学生的听、说、读、写、思等素养与能力，并养成学生终身学习的良好行为习惯。语文养成教育是一种理念，实施起来得从常态的语文学习生活入手，得从语文学习的细节入手。我们应该坚持让学生每日必修五个"一"，即日正一字，日积一词，日摘一句，日读一文，日写一"记"。日正一字，所订正的是自己或别人容易读错或写错的常用字，其出处在日常生活中，读书、书写、交谈、看电视、参与公共活动时留意到的误读误写的字，将它及时记录在专门的本子上。日积一词，主要是从语用的角度出发，积累常使用却容易出现错误的词语（包括成语），也积累一些自己以前没有掌握的新词语。日摘一句。所摘句子来自于自己的读书见闻，或是极富文采，或是极有哲理，或是极具激励作用。日读一文，以千字文为宜，以名家时文为佳，可在晨读时朗读，可在就寝前赏读，也可在学习间隙做调节性的阅读。日写一"记"，三五句话，几十上百个字，可发布与大家分享的新闻，可发表对当日见闻的评论，可记录自己突发的灵思妙想，内容不限，形式灵活，突出个性。一言蔽之，语文教师应该长期立足于语文文化素养的养成与构建。

新语文课程强调人人学有价值的语文，人人学有用的语文，关注语文知识的实际意义和实用价值，培养学生解决实际问题的意识和能力。也就是说，语文只有到生活中去，才会显示其价值和展示其魅力。学生只有回到生活中去运用语文，才能真实地显现其语文智慧。总之，在新课程理念指导下的语文教育将是一个现代化、素质化、个性化和社会化交融的教育；在新教学理念指导下的语文教学将走向生活化、实践化、综合化、智慧化；面对新课程、新理念，语文教育和语文教学将是生动的、活泼的、自主的、合作的、创造的、充满生命力的。

二、自然语文大课堂开放阅读：读写一体化的新策略

21 世纪的小学语文教育应从时代发展和未来社会的需求的高度重视培养创造型人才的重要性，把教育重点转移到开发潜能、启迪心智上来。要通过语文读写结合的教学，多种形式培养、提高学生自我学习、自我教育、自我发展的知识与能力，培养学生的创造意识，发掘学生创造潜能，保护学生的创造萌芽，为培养创造人才打好基础。读写结合要提倡"以人为本"，尊重学生的主体性，追求人的全面发展，充分发扬每个人的主观能动性，以取得最大的效益和最优的发展。在读写训练中，要坚持培养学生的自学能力，要认真传授和指导学法，培养学生扎实的独立读写的能力和自觉读写的良好习惯。同时，要树立大语文教学观，视语文课堂教学与语文课外活动为一个整体。这样就能拓宽小学语文读写结合教育的思路，发现语文教学中读写结合内容的丰富多彩、教学形式的千姿百态，感受到学生创造潜能的亟待开发，就能激发为语文教改开辟另一块沃土绿洲的热情，更会千方百计地改进语文课堂教学，省下时间、创造条件，引导学生向课外延伸，发展个性。自然语文教学积极构建语文教科书与课外阅读一体化阅读教学模式，应该抓住突出开放、重在创新、积极探索。

1. 山重水复疑无路，柳暗花明又一村——开放思维创新读。

新的课程观改造了知识与人的关系，也必将改变人在课程中的角色。课程不是知识的"载体"或学习内容的"运输线"，而是人与知识"相遇"的"场域"。它不是被"给定的"，而是由人建构的。课程在某种程度上可以被事先"设计"，但其最后完成必定有赖于学习者与知识的现实"相遇"。好的课程给人的理解创造尽可能大的空间，它总能吸引人，并在人与知识的每一次"相遇"中创造出更多的"期遇"。议议读读练作文，不仅仅是引导学生读文字，还可以读音像。如，放映科幻影片，让学生描述精彩情节；观看音像作品，让学生表演精彩片断；听广播节目，让学生发表感兴趣话题的观点。还可以模仿广播电视媒体的语言形式，举办"焦点访谈""实话实说""今日说法""挑战主持人"等节目，让学生担任主持人、嘉宾和观众，讨

论学生最关心的热点和难点问题，让学生在讨论中充分发表意见，并能在尊重他人的前提下，乐于表现自己。这样利用多媒体创设情境，具有生动、形象、逼真的特点，有身临其境的感觉，学生都十分感兴趣。

课外阅读教学的传统做法，人们对"读"的界定十分狭窄，仅仅局限于文章的阅读。"读"的作用是什么？是吸收，感悟，借鉴，是信息的摄取过程。窄范围的读，使作文信息获取的量严重不足，借鉴面狭小。课外阅读的这条小胡同，早就应该走出来！我们认为的"读"，是一种生活体验，是一种广义的阅读体验。具体地说，应该是读小说，读散文，读诗歌，读文章；应该是读电视，读电影，读网络；应该是读音乐，读美术，读体育；应该是读人，读事件，读景物，读事物。一句话，是阅读生活，体验生活，感悟生活。"读"的过程应该是一个体验、学习、感悟、借鉴的过程，我们应该强调体验中的启迪、感悟，强调作文的智慧。因此，我们应该树立开放式的大阅读观念，解放教师，解放学生，解放课本，使大家从阅读的小胡同里走出来，把阅读理念的触角伸向教学的四面八方，形成开放式的阅读新理念，新氛围，新环境。新理念的阅读的教学应该有各种各样的读法：我们可以指导学生用眼睛读，还应指导学生用耳朵"读"，用手"读"，用心"读"，用鼻子"读"，用口来"读"……努力达到读中仿，仿中创，链接读写结合的思维通道；读中变，向古人学智慧，向今人学文笔；变中练，架起读写结合的桥梁；读后感，悟中练，搜索读写结合的灵感信息。积极做到读中导写，读中悟写，悟中练写，评后创新写。通过读的练习，向古人学智慧，向今人学文笔。通过写的练习，为做人而作文，在内容上求真；以作文促做人，在章法上求善；以作文述做人，在语言上求美。在作文教学中，力求达到读写结合零脱节的美好境界。

2. 会当凌绝顶，一览众山小——全程指导享受读。

学生的阅读能力只能在主动的阅读实践过程中形成。怎样引导学生参与阅读过程并通过积极自主的实践活动来形成良好的阅读能力呢？我认为，应让学生在主动积极的思维和情感活动中加深理解和体验，有所感悟和思考，受到情感熏陶，获得思想启迪，享受审美乐趣。而要达到这种境界，就要让学生自主地、全身心地经历阅读过程。先从读、思、议、品、评中进入阅读情境，再以独特的感受、全新的体验、鲜活的认识从阅读情境中走出来，从而使学生真正拥有促进自己生动活泼发展的阅读过程。

（1）书——让学生自己读。读，对提高学生人文素养和培养学生阅读能力起决定作用。著名语文教育专家商友敬先生说："文章的精华在句子之中，字句之中有声情，有气韵，有见识，有抱负，你不读，这一切精华不会自己显露出来，而只能是纸上的铅字符号，那是'死'的。要把'死'的变成'活'的，只有读，让它在你嘴里活起来，然后才能在你心里活起来。"读能使主体和客体思想相碰，情感相激，在那个特定的情境中逐步使学生和作者实现心的交流，情的沟通，疑的化解，并使学生在经历读的过程中，同时实现智的启迪，知的构建，情的陶冶，能力的迁移。并在这一读的过程中，享受读的快乐，获得读的幸福。要特别强调的是，读，要给足时间；读，要有层次地指导；读，要形式多样。读中要放飞学生的心灵，充分让学生去思，去想，去创，教师要特别"珍视学生独特的感受、体验和理解"（语文课程标准语）从而促进学生主动发展、充分发展和全面发展。实践证明，书让学生自己读是语文教学的核心思想和必须遵循的阅读教学基本规律。

（2）问——让学生自己提。读而能问，既是学生认识的突进，也是学生思维的聚焦，并能使学生产生巨大的读的能动性，积极促进学生主动探索和深入发现，推动阅读不断向纵深发展。从认识论角度看，阅读过程就是一个不断形成问题意识的过程。学生一旦读入情境，就会全力调动自己原有的认知经验参与当前的阅读活动，去解决自己能读懂的内容，梳理出自己无法读懂的问题，形成一种激情难耐的阅读状态。教师要充分把握时机，尊重学生，给他们提供质疑的时间和空间，使他们有问能够提。学生既可集中质疑，也可随机质疑。可先小组进行，再全班交流。要让学生尽情地提，提充分。踊跃提问，体现为一种良好的阅读意识，反映为一种不懈的追求精神，它是促进学生由理解性阅读向创造性阅读发展的重要教学策略，也是学生由"读会"向"会读"迈出的最成功的一步。

（3）果——让学生自己摘。任何阅读结果，都是思维加工的结果；任何深刻的认识，都是认知不断建构的体现。学习的质变点，往往就在学生猛然跳起的那一刹那间发生。如在体会诗句"两个黄鹂鸣翠柳"中，一个学生提出这么一个有趣的疑问：这两个黄鹂对着翠柳歌唱什么呢？其实，学生的关键不在于对这句诗的理解出现了大的偏差，而在于对古诗这种句式还不熟悉。其思维过程从提问中一目了然。教学中，教师并没有直接给这个学生一个正确的结论。而是指导学生联系上下文和结合插图再读一读，体会体会。这个学生终于恍然大悟。接着教师问，知道刚才为什么会那样思考吗？学生说主要是按常规读法，一是没把语序颠倒（不是对着翠柳鸣，而是在翠柳间鸣）；二是没有结合语境读（包括插图）。这个学生跳一跳，摘到了"果子"，并且还掌握了摘"果子"的过程（也即知识发生的过程）。在阅读教学中，坚持让学生这样摘"果子"，那么，学生的阅读思维水平和迁移能力必然会得到快步发展与提高。

（4）情——让学生自己抒。特级教师李吉林说："'教材—学生'之间情感的桥梁便是教师的情感。教材蕴含的情感要靠教师去传递，去强化，让学生随着教学过程的推进，入情、动情、移情、抒情。情感的纽带就联结、沟通、牵动在教材—学生—老师之间。"由此可见，情存在于教材，启动于教师，学生技文方可入情、出情。只有情情相激，才会使学生激动、兴奋、活跃，使整个教学过程充满生气与智慧。也只有情动才能"辞发"，想象才会展翅，真正融入教材，在语言文字中畅游，感受作者的情感，体会文章的思想，从而有效地把阅读教学教出个性。如读《狼牙山五壮士》时，学生就会入情入境，变话为画，不由自主地走入人物的英勇献身精神中去，去请战，去冲锋……从而获得深刻的情感体验与心灵的震撼。学生这一情感形成过程，是教师讲、灌、析都无法代替的。如有感情地朗读五壮士山顶痛击敌人的那一段，不是教师一句"请同学们读出五壮士英勇无畏、不怕牺牲的感情"就能到位的。非学生在读中悟、读中想、读中品，抓词析句，反复揣摩，层层推进，深入体验不可。而老师应同学生一道深入课文，全部教学策略应在学生"愤徘"处给予启发与点拨，或恰如其分地给予示范，使学生真正走入作者创设的情境之中，于"激昂处还它个激昂，委婉处还它个委婉"，读出五壮士顶天立地的英雄形象，读出

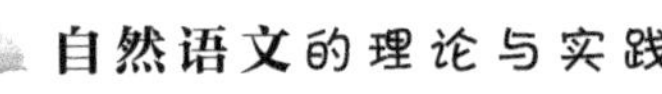

五壮士可歌可泣的动人画面，从而形成三情共鸣，优化读的质量与效果。情让学生自己抒是阅读教学应体现的本质特征，也是真正落实人文精神的关键。

（5）话——让学生自己说。说不仅仅是为了表达主体的理解结果，或者说对事物认识过程的陈述，更是一种极强的言语交际活动。说与听是共时的，相依的、互动的，具有突出的情境性，是培养学生语文综合能力的重要组成部分。学生由不敢开口说到敢开口说，由不善说到善说，既要经历一个心理的反复冲突过程，又要经历一个经验不断积累的实践过程。而要学生实现这一跨越，教师必须给每个学生创造出公平合理和人人参与的机会。答问是说，交流评价是说，辨析研讨是说，体会想象是说，复述讲演是说，等等，这些说，往往构成激活课堂思维的灵魂，构成学生主动发展和充分发展的关键。教学中，教师要结合教材，着力发掘学生说的源泉，提供说话的空间，营造说话的氛围。只有突破为教而说的一问一答的教学桎梏，学生的说才会走向多样化；只有将教学过程开放化，让学生想说就说，学生的说才会体现个性化；只有将交际形式多样化，面向全体，人人参与（同座式、小组式、全班式），学生的说才会落实全员化。只有多说多练，学生说的水平才能不断进步。不要怕学生说得慢，或一时说不上来；不要怕学生说错、啰唆、言不达意、张冠李戴，这都是学生走向敢说、能说、会说必须经历的实践过程，是非常正常的。对胆小或不善说话的学生，教师更要鼓励，多给机会，精心指导。学生一旦走入无拘无束的说话境界，思维就会变得异常活跃，创造精神也会得到大大增强。阅读教学让学生充分地说，能创新阅读教学，将学生在阅读教学中的地位更加积极地凸现出来。

（6）学——让学生自己评。阅读过程，应该是一个充满激情的实践过程，同时也应该是思维火花不断碰撞与闪射的激发过程。在这一过程中，应把学习评价的权力还给学生。学生评什么呢？评读、评思、评说、评悟，评组成阅读过程的一切具有价值的东西。这种评是全方位的，既强调互评，也强调自评，还可以评教师，评教材（品析精彩，挑剔欠缺）。通过评，能拓展学生思维的张力，促进学生认识的飞跃，激发学生探究的内力，使学生更主动地去驾驭并掌握阅读过程，从而使学生的阅读主体地位得到进一步体现。在这一过程中，学生会用自己的目光、积淀、经验、认识、智慧去认识美、感受美、揭示美和完善美，并实现表现自我的欲望与意愿。学生的"会评"是从不断的"学评"过程中发展而来的。让学生拥有评的权力，不仅能充分张扬学生阅读的个性，而且通过这种个性张扬，能使学生更具有个性的阅读能力，从而使学生语文综合素质得到全面的提高。

3. 横看成岭侧成峰，远近高低各不同——引导创新质疑读。

古人说得好："读书无疑须教有疑，有疑却要无疑，到这里方是长进。"疑问是思维的契机，创新质疑则是创新的先导。人类的思维活动往往是由于要解决当前面临的问题而引发的。因此，培养学生的思维能力应从教会学生发现问题开始。阅读教学则应引导学生在阅读中发现问题，思考问题；在发现和思考问题中深入进行再阅读，从中培养学生创新质疑的意识和能力，推进创造性思维的发展。

（1）多向性质疑。从多方面认识对象，围绕对象沿着不同角度设计提问，引导学生多角度、多方向、多起点、多层面地思考问题，提出不同的答案。所谓"多向"是指从过去、现在、未来，已知、未知，动态、静态，顺向、逆向等方面进行发散性思考。它常采用双向法，即可由里向外做辐射发散质疑，也可采用由外向里做辐辏"聚焦"质疑。一般以"……你能从多角度、多方向提出问题，进行思考吗"或"……你能从多起点、多层次提出问题，进行思考吗"的方式来发问，激发学生思考。例如，我教完《草船借箭》后发问：学了这篇课文，你有什么问题要提请大家探究的？有一位学生问：为什么诸葛亮会比周瑜高明，原因是什么？显然，这一问题闪现着思维的智慧火花。于是，我立即将它提升为：在筹划备箭上，周瑜和诸葛亮的策略有什么不同？即他们在考虑问题上的思路有什么不同？哪种思路好？这一问，真是一石激起千层浪。经过一番争议，学生的认识趋于一致：诸葛亮的思路和周瑜不一样，周瑜是以常规思路来思考的，以为箭只有"造"才能得到；而诸葛亮用创造性思维来思考，想到以"借"得到箭，也就是以"借"代"造"的方法智取，即利用天时地利向多疑善猜的曹操去"借"箭。课题上的一个"借"就说明诸葛亮的谋略智慧要比周瑜高明得多。这一精彩的质疑、答疑，不仅表明创新质疑在阅读教学中至关重要的地位，而且也启示我们把握创新质疑模式的重要性。我把学生的问题提升到思路优化的层面上来发问，引导探索，这既是思路训练，又是创新思维培养，实为难能可贵。美国著名创新思维学者迪伯诺指出："思维的目的不在于正确，而在于求有效。"我们要着意培养学生的正是这种"有效"思维，即创新思维。然后再进一步指导学生课外阅读《三国演义》，比一比谁提出的问题多？

（2）求异性质疑。求异性质疑也是以发散思维为基础的，能促使学生发表不同寻常的见解，以求异思维的方式来关注现象之间的差异，暴露已知与未知之间的矛盾，提示现象与本质之间的差别。它能激发学生在多种思路（多方向、多起点、多层次、多原则、多结果）的比较之中，即在众多假设中，选择一种富有创造性的、异乎寻常的新思路来思考问题。一般先以"还有别的思路（方法）吗"再以"……这些思路（方法）哪一种最好"的方式来激问。如《晏子使楚》，就可以这样质疑：晏子面对楚王的三次侮辱，还可以怎么反驳？启发学生用求异思维来思考问题。学生思维被激活后，必然众说纷纭、方法各异。接着，引导学生从众多的方法中寻找最佳方案，得出针锋相对、反驳楚王的方法的结论。然后拓展到课外，引导学生对某一本进行质疑……

（3）逆向性质疑。逆向性质疑也叫反思质疑，常常以"逆向求异""正中求反"的方式出现，即对现成结论不深信、不盲从、不唯上、不唯书、不唯从，敢于反其道而思之。我们在教学中要纠正学生对各种事物功能的固定认识，清除思维上的定势负面效果，克服思想上的思考惰性，破除传统上的因袭理念，引导他们从新的角度去重新思考、分析，找出原结论的缺陷与不足。一般的质疑方式为："针对……你能反过来思考吗？"如《落花生》的点睛之笔："那么，人要做有用的人，不要做只讲体面而对别人没有好处的人了。"在充分理解文章的中心思想以及作者托物言志、以物喻人写法的匠心所在之后，我引导学生做逆向性思考："做一个既讲体面又对社会做出贡献的人有什么不好？"这样反思能赋予文章以新的意义，在理解与借鉴上会有所突破。这是因为逆众与开拓往往是互为因果的。进而我引导学生把这种方法延伸到课外阅读中，对故事的人物进行逆向思维分析，尽量找出不合理的地方加以探究。逆向性质疑所蕴含的反思功能不仅有利于提高学生的阅读理解能力，而且有利于提高学生学习过程的元认知能力，即学习结果的反思能力。引导创新质疑读，要为学生创设良好的"提问题"的氛围，处理好学生提问中的错误，鼓励学生提出标新立异想法的首创精神，要让学生敢提、乐提、善提。培养学生学会"提问题"，并进行合作交流，培养学生的集体责任感和合作精神，在同学间形成合作伙伴关系。这样，学生才能学有动力，学有激情，学有创新，才能感到自己是新知的发现者、研究者。

4.欲穷千里目，更上一层楼——有效拓展探索读。

阅读训练是语文教学的一个重要部分。通过阅读训练，提高学生阅读理解力和写文能力，透过优秀文学作品，品读生活，启迪心智。然而，在不少学校的语文教学中，所谓的阅读训练只是靠教师在课堂上对课文进行详尽透彻分析，学生勤记笔记课后背。将阅读训练变成教师替学生阅读，而这样的教学方式，并不能从根本提高学生的阅读理解能力。其实，语文是一门感性学科，要搞好阅读训练，应以情感为基点，让学生喜欢阅读，学会阅读，并能自觉主动地去阅读，在享受阅读中提高语文能力，丰富精神世界。

语文知识博大精深，语文百花园里百花争放。课堂上的教学，正是由教师引导学生学习语文知识，品读范文，初窥语文百花园的一角，要想让学生领略其中的精彩，全面提高学生的语文能力，就需要让学生走出课堂，运用课堂上学到的学习方法，投入课外阅读中去。通过大量的阅读，增加知识积累，提高阅读理解能力和写作水平。

生活处处皆语文。电视作品、流行歌曲、广告词……这些中不乏优秀的文学作品。一首脍炙人口的歌，其歌词可以是一首抒情的诗；一则成功的广告，其中可能包含着对修辞的巧妙运用；近年流行的电视散文，则以ＭＴＶ的形式将文学作品形象化。另外，家家户户春节贴的春联，写尽人们对生活的美好祈盼；日常的百姓话语中，更有充满智慧的俚语俗语。引导学生从生活中发现语文，学习语文、欣赏语文，是一名语文教师应做到的事情。它能使语文学习更灵活，使学生更加爱语文、爱生活。我曾要求学生从电视节目中搜集自己喜欢的广告词，并陈述自己喜欢的理由。学生对这次活动兴致很高，纷纷积极搜集，认真分析。有的同学喜欢其修辞的运用，有的则喜欢其画面的设计，还有的喜欢广告内容的积极意义……

大量的阅读，是学生丰富精神生活、积累语文知识、提高语文能力的一个重要途径。现在，一些教师和家长对课外阅读的理解存在误差，认为它会占用学生的学习时间，影响学习成绩。其实课堂之外阅读优秀文学作品，是对课堂学习的补充，是对知识的实践。书，是人了解世界的窗口。读书，可增长知识面，塑造人的思想性格。大量阅读优秀文章，能为学生的语文学习引来源头活水，更能提高其语言运用能力和阅读理解能力。作为教师，应引导学生有选择地进行课外阅读，养成勤读书，爱读书的好习惯。可开展丰富的读书活动，如课前五分钟的朗读活动，要求学生轮流在课堂五分钟中向同学介绍一篇好文章，或朗诵一首诗。也可采用出版文学小报的形式，鼓励学生写读书心得和习作。开展读书交流会等。通过读书活动的开展，促使学生有目的地去阅读，互相学习互相促进。

综上所述，自然语文教学应以课堂教学为圆心，以课外阅读活动为半径，让语文阅读教学得到延伸，而这些需要教师和学生的不懈努力。当我们的学生热爱读书，读书成为其生活不可缺少的一部分时，我们的努力就有了深远的意义，远超出课堂教学之外。

二、自然语文教学站在人本高度：立德育人的有效教学新策略

"自然语文"倡导养成教育，是立足现在，注重实践，追求未来的；"自然语文"追求养成教育，通过润其根，泽其苗，修其枝，赏其花，最终得其果！自然是语文的真追求，真实践！

1. 自然语文：实简趣真情优化导学。

自然语文倡导把"以学生发展为本"作为语文课程的基本理念，关注学生的学习兴趣和经验，倡导学生主动参与、乐于研究、勤于动手，形成积极主动的学习习惯，在获得知识和技能的同时，学会学习，形成正确的价值观；教师应改革传统教学方法，由课程的忠实执行者向课程决策者转变，创造性地开发教学资源，通过教

学模式的优化，改变教师独占课堂、学生被动接受的信息传递方式，促成师生间、学生间的多向互动和教学关系的形成。

有个"画苹果"的教学案例就很能给我们启示。中国教师带一支粉笔，先对全班讲画苹果的注意事项，接着给学生做示范，然后即让大家照着教师画的样子画苹果，结果是所有的同学第一次画的苹果都极像苹果。美国教师却不这样教，他提着一篮苹果，一人分一个，让学生看一看，摸一摸，闻一闻，甚至亲口尝一尝，然后就开始画苹果，结果大多数学生第一次画的像西瓜，第二次画的像鸭梨，第三、第四次画的才像苹果。到底哪种教法效率高？某些"高效"论者一定会说当然是中国教师，用时少，达成度高。然而冷静地分析一下就会发现：中国学生虽画得轻松且极像苹果，但那却是"黑板上的苹果""老师的苹果"；而美国学生画得费劲且不太像苹果，但那却是"生活中的苹果""学生的苹果"。这两种教学对学生影响的差异，应该是显而易见的了。"生本教育"的创立者郭思乐教授在回答"什么是教学"时说："如果你告诉学生'3 乘以 5 等于 15'，这不是教学。如果你说'3 乘以 5 等于什么？'，这就有一点教学了。如果你有胆量说'3 乘以 5 等于 14'，那就更是教学了。这时候，打瞌睡的孩子睁开了眼睛，玩橡皮泥的学生也不玩了：'什么什么？ 等于 14？' 然后他们使用各种方法来论证等于 15 而不是等于 14。"为什么这种耗时费力并不"高效"的教学才是真正的教学呢？那就在于它尊重了教育的规律，尊重了学生心理发展的规律，培养了学生思考"苹果为什么落地"的创造性思维。

语文学习的目标有三个层面：小而言之，是掌握一种终身使用的工具，能顺利应对中考、高考及将来的学习、工作与生活；中而言之，是为一生打下精神的底子，使自己成为一个快乐的读书人，拥有丰富的精神世界；大而言之，是传承民族的文明，固守民族的根本，让民族的血液永远流淌，并使自己成为未来文化的创造者。可见，语文学习是需要一个过程的，不可能立竿见影，立马见效，如果汲汲于所谓"高效"，势必让学生仅得其小难见其大，丧失语文学习应有的品质。

自然语文的课堂是平凡甚至是琐碎的。当我们将生命的激情投入课堂，学生便会在教师的魅力的感召下放眼生命的天光云影；当我们努力将文明的基因用心灵启

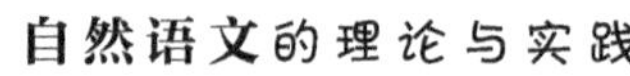

迪时，生命便在看似平凡而琐碎中更加丰实；当我们给课堂带来生命的律动相互欣赏时，课堂便成为生活旅途中的幸福驿站。

2. 自然语文：字词句段篇有机训练。

自然语文的课堂重点体现"因学定教"的教学原则，体现自主性、互动性、开放性和高效性。在课堂教学的实施中，教师能积极创设民主和谐的教学情境，设计具有启发性的问题，为学生提供必要的资料和实践条件，帮助学生建立假设，引导学生自主学习、合作探究，从而有效促进学生的思维能力和情感态度的发展，为学生的终生发展奠基。

"美是到处都有的，对于眼睛，不是缺少美而是缺少发现。（罗丹）"日常教学是一个质朴、自然、和谐的生活过程。从本质上讲，它不是以"节""堂"为单位，它应该是师生生命在相互交融中自然生长的一种状态。在看似平凡的过程中流淌的应该是行云流水般的自然，看似朴实无华的背后应该是教育良知和教学智慧的支撑。我们应当看到，日常课堂，它可能不会"赏心悦目"，甚至还令人尴尬，但却是自然状态下真实的"耕耘"；它不工于形式设计，而是生活的真实体验；它不是时时都热热闹闹，相反，有时可能是冷冷清清；师生的交流并不是时时"你来我往"，相反，有时可能是教师口若悬河的"独角戏"；获取知识的过程并非时时是"体验"或"合作探究"，相反，有时可能是背诵或记忆。但每节课都应有触动师生心弦的精彩之处，如一场巧妙地对答、一个惊奇地发现、一次学生的顿悟、一种好的思路把教学引向高潮。所以，我们应该在师生交流的真实过程中，善于捕捉并欣赏教学间转瞬即逝的"智慧火花"。

日常课堂是师生间零距离的"实话实说"。虽然现代化教学离我们农村学校的日常教学还有很远的距离，但我们可以用幽默的语言去吸引学生；用形象的手势去感染学生；用鼓励的眼神去激发学生；用亲切的微笑去欢迎学生，调动学生的情感，做到寓教于乐。只有充满自信与自主，智慧才能生成，课堂才会充满生命的活力。评价一节课应当是将"水分"挤干后，看看还有多少"干货"，看看学生到底获得多少。在某些公开课中，教师为了让学生"动起来"，让课堂"活起来"，就表演与教学并不相关的"魔术"来引起课堂的活跃，无法想象，在表面热闹、形式新异的课堂背后，教师会耗费多少时间"查漏补缺"。试想，这样的课堂，教师又怎能感到真正的轻松？日常课堂需要教学的真功夫，需要教师对讲台的真挚热爱，需要教师对学生的真切关怀，需要教师对教学理念的准确把握。我们在对那些目标扎实、过程愉悦的公开课鼓掌并大力倡导的同时，也要宽容并支持真实、效果好但氛围有些冷清的日常课。我们不能光强调形式的开放和乐学，还要让学生静下心来体验获取知识的过程。

自然语文天生是"农业"，得遵循作物的生长规律，性急不得。用一个环保术语，就是营造一片具有生态效应的"湿地"。过于急功近利，就会有"沙漠化"的危险；企图"揠苗助长"，结果定会是禾苗枯槁；采用任何"催熟"的做法，都会丧失其应有的品质。因而，语文养成教育得遵循语文学习规律。一是熏陶浸染，即营造氤氲语文气息的环境，耳濡目染，日渐滋养；二是积淀涵养，即着眼于生命的浸润，注重知识、能力、文化、修养的积淀；三是感悟体验，即训练学生能凭借对语言及其语境的直感，获得某种印象或意义，并将阅读文本与阅读生活相联通，进而感悟人生，感悟生活，成为生活的强者与智者；四是运用提升，即根据表达交流与阅读积淀的互动关系，通过亲身的语言实践，直接地感受规范的语言，并在实际运用中加深自己的感受，从而领悟语文的魅力，提升语文素养与能力。

自然语文的养成教育就是把握语文学习不同层面的目标，遵循熏陶浸染、积淀涵养、感悟体验、运用提升等语文学习规律，培养学生热爱母语的情感、关注语文的敏感与领悟语言的语感，从而协同渐进地提升学生的听、说、读、写、思等素养与能力，并养成学生终身学习的良好行为习惯。

3. 自然语文：仁义礼智信修德正身。

大道至简，大象稀形，大音稀声。"自然语文"自成佳构，自出境界：环节简单，方法简单，过程简单，最高境界便是"简单的复杂"。

自然语文，德智体美劳全面渗透，仁义礼智信修德正身。自然语文课堂认为：语文学科的各条渠道、各个环节、各种方法，都应有利于学生自我意识的增强和自我教育水平的提高，使学生的个性沿着"自我感觉—自我认识—自我教育—自我评价—自我调节—自我完善"的良性循环途径，得到较为良好的、充分的发展。自然语文课堂要求我们改革课堂结构，切实培养学生自学能力和习惯，不断提高课堂教学效率和质量。使课堂能够逐步成为基本上由学生自学的"学堂"，使教育成为使学生能够成功地进行自我教育的教育。

自然语文的"改"的是模式，"革"的是观念，"变"的是学生，"化"的是心灵。自然语文课堂倡导"和雅践行"的核心理念。自然语文"和雅践行"理念的系列体验活动，让中国文化古代文明"跳"出了课本，"跳"出了博物馆的玻璃陈列柜。对于中小学生来说，中华传统文化和文明成果变得更加鲜活，更加触手可及。

自然语文的和。和谐发展，和而不同。文化是一种精神期待，文化无处不有、无时不在，而自然语文的学校文化更是展示自然语文的学校教育理念、发展自然语文的学校教育特色的重要平台。自然语文的"和雅"有温和雅正的意思。基于"和"教育理念的"和雅教师"应当具有温和、博学、高雅的特质。自然语文的温和。这是待人接物的态度。温和的教师对待学生和同事和蔼可亲，善于以和风细雨般的方式教育学生、协调同事间关系，"和雅教师"首先应当从行为方式和态度上改变自我，成为一名温和的教师。自然语文的博学。这是对教师的才学要求。学习型社会要求培养一批善于学习、勤于反思的教师，以阅读改变气质，以实践成就自我，这是博学教师的成长途径。我们拟通过实施"教师阅读工程"，利用"荷声细语"讲坛、"书友"俱乐部，网络读书沙龙等载体，提高教师的学习能力，为成为博学教师奠定基础。自然语文的高雅。这是对教师的气质要求。我们将树立高远的志向，培养高尚的品德，形成高雅的情趣作为高雅教师的追寻目标，通过不拘一格的教师俱乐部活动，丰富教师的生活，使其成为内外兼修，德艺双馨的高雅之师。

在自然语文的"和雅教育"思想理论体系下的"和"之聚焦性理解。自然语文"和雅践行"的教育中的"和"，集中强调"为人、立德、礼仪"三大要义。自然语文教育学生为人——做人，德美至和；仁者和；和而不同；和以为人；为人与人俱重和；和在我，则和身心；和在人，则和言行；和求真善；和则淡泊宁静；身和心和者淡定；和合中正。自然语文教育学生立德——和，取义德；和立德；人和德高；和中德正，和人和己者仁爱；和为道德之心；行万里路人可太和；和有长和短和，长和者德；与人则德重和；心仁德美。自然语文教育学生懂礼仪——礼之用，和为贵；与人待以君子礼，为和；和而礼正；和而不同；日月两轮天地和，人和当法天地和。

自然语文的和养正气。即涵养浩然之气概，刚正之气节，纯良之作风。《易传》有言："蒙以养正，圣功也。"指对幼童的启蒙、教育是为了培养正道，这是神圣的功业。为此，自然语文的学校积极倡导习惯养成教育，努力提升教师的职业素养，使其以身立范、为人师表，以卓越的品行引导学生涵养正气，同时，要不断加强学生的习惯养成教育，使其言有规、行有范，从根本上构建有助于实现师生人格升华的成长沃土。

自然语文倡导积极构建和谐温馨的家园。温馨和谐的家园是对自然语文的学校人际关系的概括。学生、教师、领导相互之间溢满亲情，和睦相处，和谐是各种力量的最优搭配，人的教育应该是和谐的教育。自然语文的学校运用整体优化的思维方法和工作方法，着力塑造"和文化"品牌形象，努力创建宽松和谐的育人环境，积极营造充溢着人文光泽的校园氛围。

自然语文和谐与快乐相伴。快乐是一种人人向往和追求的愉悦的精神状态，它使人感觉满足和和雅。自然语文的学校以快乐为源，在快乐中育人，在快乐中兴学，让快乐充盈在自然语文的学校教育的每一个方面，使教师乐教，学生乐学，教与学双向互动，相互促进，相互补充，在其乐融融的自然语文的学校氛围中达到教育配置的最优化和最强化。小学时期，是人生的起航阶段，以快乐的心态学习，是最健康的成长状态。学生拥有快乐的心态，才会乐于探索，实现兴趣求学；在乐学的基础上，才能够大胆实践，激发创造活力；在积极的求索中，方可汲取新知。如此，才能让快乐装点成长轨迹。

自然语文的雅：百花齐放，雅而有形。雅，《辞海》注解：正的，合乎规范的；高尚，不庸俗；美好，不粗鄙。雅，脱俗，但需要培养与历练；雅，不是刻意为之，而是深入内心。雅，追求的是理想、情操、智慧，以及完美的境界。

雅的核心理念是自然语文的学校用于指导教育教学行为与管理经营活动的最高价值标准，是自然语文的学校一切行为的起点和归宿，是自然语文的学校文化理念系统的灵魂。其核心理念之"雅"是崇尚雅趣，即践行雅正之品，崇尚文雅之风，追求高雅之趣。自然语文的学校作为育人圣地，文化沃土，在多年办学实践中，始终致力于培养师生兴趣，展现师生特长，激发师生潜能，使其真正实现了内强素质，做弘扬正气、智慧丰盈的雅正之人，外树形象，成文雅有礼、趣味脱俗的高雅之人，从而使整个校园时时处处洋溢着温馨和谐的文化气息，散发着育人的芬芳与雅趣。

自然语文的雅，即追求规范。教师应雅正于心，正己正人，以身作则、率先垂范，行不言之教，做到表正而品亦正；学生应言必真、行必正，学雅规、正雅态，文雅有礼；在管理上，自然语文的学校应坚持公平、公正，和谐而不失规范，实现和雅相融。

自然语文的雅，即追求高尚。自然语文的学校应浸润传统文化阳光，以雅文化涵养儒雅教师、培养文雅学生、润养高雅校园。教师应具备智者的明察、仁者的宽阔、勇者的意志，博雅而润心；学生应文质彬彬、具君子品格，充满灵气、朝气蓬勃；自然语文的学校应以雅境融雅，以雅风生雅，彰雅园雅韵。

自然语文的雅，即追求美好。这是一种追求卓越，止于至善的境界，体现了师生以超越自我之精神，以求日有所进、慧有所托、志有所远、体有所健、行有所美。在管理上，要人文与制度并举，一张一弛，方圆有度，以达至善。

在自然语文"和雅教育"思想理论体系下的"雅"之聚焦性理解。自然语文和雅践行教育中的"雅"，集中强调"立学、成才、知识"三大要义。立学——为学，才华至雅；智者雅；各雅其雅；雅以治学；为学治学皆求雅；雅在我，则雅其知；雅在人，则雅其行；雅求真美；雅则奥博灵动；知雅行雅者慧美；大雅高雅。成才——雅，取义才；雅立才；才学大雅；雅致才真；雅言雅行者高贵；雅为艺文之才；读万卷书我自高雅；雅有大雅小雅，大雅者才；修我则才求雅；智大才高。知识——文其博，雅则美；与己养以诗书心，为雅；雅而博识；雅而不华；诗书万卷圣贤雅，我雅须学圣贤雅。

自然语文的生态育人，雅而有慧之内涵：一是生命，绿色是生命活力的象征。自然语文的学校关注每一个生命，尊重学生的个性特质，注重挖掘他们的潜能，释放他们的兴趣爱好和个性特长，有助于提升他们的创新意识和创造力，使其生命更加多彩。二是健康，绿色是自然健康的表征。绿色文化关注人的和谐发展，自然语文的学校以绿色教育为途径，引导师生享受纯净、自然、积极、健康的"绿色空间"，激发师生对真、善、美的追求，共同创造绿色生活环境、传播绿色生活理念，培养具有健康心理、和谐发展的人。三是快乐，绿色蕴含着快乐成长的教育态度。教育的快乐是让师生体验学习魅力，共享成长快乐。教师应该成为快乐的磁场，要不断学习，在工作中成长，在成长中体验快乐，以快乐的精神感染学生，以快乐的教学愉悦学生，让学习变成一件快乐的事情。四是发展，绿色是可持续发展的内蕴所在。自然语文的绿色理念以可持续发展为指导，立足长远发展来组织和实施课堂教学工作，力求创设一种"把课堂还给学生，让课堂充满生命活力；把创造还给教师，让教师充满智慧挑战；把精神发展的主动权还给师生，让自然语文的学校充满勃勃生机"的境界，实现学生、教师、自然语文的学校三者共同可持续发展。

自然语文的生态育人，雅而有慧之外在保障：任何教育理念的实施，以及自然语文的学校的发展，归根到底，都难以离开师生责任意识的加强。因此，自然语文的学校在倡导实施绿色教育的过程中，应不断增强师生的责任感和使命感，使之深刻意识到，绿色教育的实施，自然语文的学校文化的创建，自然语文的学校的健康发展是时代赋予的使命和责任。

自然语文的教育观认为，责任是道德的核心，是人之立身的根基。因此，自然语文的课堂通过责任培养，让教师意识到自己是自然语文的学校的主人，须为质量之提升而担责；是学生的领跑者，须对生命之成长而负责；是学法的引导者，须为知能之传授而尽责。让学生意识到自己是家庭的希望，须为家境之改善而担责；是教育的对象，应为文明之光大而履责；是国家的未来，应为民族之复兴而尽责。

自然语文的和雅文化的绿色教育与责任意识并非孤立存在，二者之间联系密切。绿色教育是自然语文的学校的文化主题，是师生必须时刻遵循的价值观；而责任意识则是推进绿色教育的保证，是自然语文的学校可持续发展的必要条件。唯有两者并举，才能真正实现自然语文的学校的跨越式发展。

自然语文的"和雅"精神理念，体现了尊重天性、涵养生命的教育方式。教育的根本在于遵循自然，尊重天性，涵养生命。《大学》曰：天命之谓性，率性之谓道，修道之谓教。即是说，天命所与你的，人生而具有的先天禀赋，就叫作性。人有了这一份天赋，就内在地包含了一份天、一份自然，内在合于道。"率"即是遵循，遵循你的天性而发出的，便是人生大道，亦是自然大道。率性之谓道，就是不违背自然规律，依规律而行，以人合天，天人合一就是道。"修道"是说人依规律而行，以内在心智去认知规律，了解规律，明澈规律，使自己与规律契合为一，并以此方法和经验教书育人，这就是"教"。《大学》中这段简短的话讲出了教育的根本是在于尊重学生的天性，遵循教育规律，发展学生天赋。教育本身不是无本之木，无水之源的活动，教育的"本"和"源"就在于学生的天性——先天禀赋。然而孩子的天性这棵树苗，需要修剪方可长成参天大树，孩子的禀赋这眼水源需要疏导方可流芳，教师就是修剪树木的园丁，就是疏导水源的引路人。汉阴小学遵循"润"的教育理念，尊重学生天性，教之以道，润之以德，涵养学生性情，使其养成良好行为习惯，必将收获丰厚的教育成果。

自然语文的课堂，与人共处，人际和谐，是中国传统和谐观的重要内容，"和"的基础，是和而不同、互相包容、求同存异、共生共长。要求教师之间、学生之间以及师生之间既要提倡人格平等、合作真诚，又要提倡个性张扬、健康竞争。自然语文，清新自然，简约高效，师生共融，和谐情趣。语用显美，素养提升。

第二节　自然语文的课例设计示范

自然语文教学专题研修活动记录表 1

研讨课例：《白杨》	授课人：温涛
时间：	记录人：

教材位置：<u>高</u>段<u>五年级</u>第<u>一</u>单元 第<u>3</u>课

研讨主题：基于"写作本位"的阅读教学探讨

设计意图：

以叶圣陶先生为代表的主流读写观认为"阅读是写作的基础""写作的根是阅读""培养读的能力，也是一个目的""教师教得好，学生读得好，才能写得好"。可以看出，这一读写观是"阅读本位"的。我们今天的中小学语文教材以文选来组织单元，外挂写作练习，就是按照这一观念编写的。教学的中心是阅读，课堂几乎是讲读、串讲课文一统天下，这种状况也是由这一观念所决定的。这一观念从 20 世纪初就开始逐渐形成，到今天已经成为教材与教学中的"惯例"和教师的"集体的无意识"了。

其实，任何事物都不是一成不变的，读写观也是可以改变的。现在提出"阅读，指向言语表现，指向写作""写作是阅读的目的""写作是语文能力的最高体现"，这就与传统的读写观完全不同了。这一读写观是"表现本位""写作本位"的。说"阅读是写作的基础"，强调的是阅读对写作的重要作用；说"写作是阅读的目的"，强调的则是写作对阅读的重要作用。这两者的指向是截然相反的，也表明了二者是互补的，它们之间的作用不是单向的，而是双向互动的。（潘新和、王崧舟《写作本位：读写观念的重构》）

自然语文主张在语文学习过程中，了解言语内容，把握言语形式，揣摩言语意图是三位一体的。通俗地讲，我们不仅要知道文章中写了什么，还应知道文章是怎样写的，为什么这样写。后两者与"写作本位"的读写观不谋而合。基于这样的考量，通过《白杨》，我想表达如下的教学意图：1. 以培养阅读能力为取向，重文本内容的理解、感悟和积累。2. 以培养写作能力为取向，重言语形式的理解、感悟和运用。3. 以拓展阅读为延伸，重言语意图的揣摩和领悟。对于《白杨》全课，我设计了三大板块：一、环境描写烘主题。二、对话描写现情境。三、借物喻人明目的。以"写作本位"为主要价值取向，抓住环境描写揣摩写作意图，紧扣对话描写理解言语形式，走近借物喻人领悟表达特点

续表

教学目标：

　1.体会环境描写对于烘托主题的作用。

　2.体会提示语的运用和人物语言位置安排在人物对话描写中的作用，进行人物对话片断描写

范式环节	教学设计	评价指标	评价等级（ABC）	评价意见或建议
检	课前交流： 　1.天灰蒙蒙的，又阴又冷，长安街两旁的人行道上挤满了男女老少。 　　——《十里长街送总理》 　2.这是一间高大的宫殿式的房子，室内陈设极其简单，一张不大的写字台，两把小转椅，一盏台灯，如此而已。 　　——《一夜的工作》 　师：认真地读一读，想象一下这些场面，猜一猜它们后面要写什么？ 教学过程： 　一、出示课题，板题《白杨》 　1.交流。白杨是什么？假如你来写一篇《白杨》，你会重点写什么？（外形、生长……） 　2.作者是这样写的吗？课文实际写的是什么？（回顾课文内容）	1.课前检测能基于学生预习情况和现有水平进行有效作业设计 2.练习检测能根据课时进行有层次、有广度、有梯度的有效设计 3.作业设计有导向性和激励性，能直接影响课堂任务的完成效果		
阅	二、读文章第一自然段 　1.自由读，透过这短短的两句话，你看到怎样的一片景象？	1.课堂教学能根据"测"的效果进行适当变化		

续表

阅	2.再读。"车窗外是茫茫的大戈壁，没有山，没有水，也没有人烟。天和地的界限并不那么清晰，都是浑黄一体。" 哪些字眼触动了你？ 3.训练说话。山让大地有了起伏变化，水让自然有了灵秀气息，人让世界充满生机。这里没有山，有的只是________；没有水，有的只是；也没有人烟，有的只是______。 再读，你读出了什么味道？读出了什么感觉？（黄沙漫天、一片荒凉、恶劣贫瘠） 师：这是环境描写，如果你独自置身于这样的原野，你会？ 4.作者为什么要写这些，去掉行不？ 讨论交流。不行，这些描写对于下文表现白杨坚强建设者在恶劣的环境里扎根边疆，建设边疆有着很重要的作用	2.教师能指导学生多层面，多角度边读边理解 3.教师能引导学生抓住典型、精彩的语言信息得形得意 4.教师能采用多种教学手段和方法引导学生对课文进行个性化解读和理解 5.学生能在教师的引导下积极学，乐于答，互动交流，勤于思考		
拓	1.天灰蒙蒙的，又阴又冷，长安街两旁的人行道上挤满了男女老少。 ——《十里长街送总理》 2.这是一间高大的宫殿式的房子，室内陈设极其简单，一张不大的写字台，两把小转椅，一盏台灯，如此而已。 ——《一夜的工作》	1.拓展能引导学生立足课本，高于课本，甚至能创造性地使用课本 2.教师能利用课堂与文本资源，抓住要点进行适度拓展学习		

拓	3. 又一阵风，比以前的更厉害，柳枝横看飞，尘土往四下里走，雨道往下落；风，土，雨，混在一处，连成一片，横看竖看都灰茫茫冷飕飕，一切的东西都被裹在里面，辨不清哪是树，哪是地，哪是云…… ——《骆驼祥子》 从这些环境描写中，你看到怎样的场景？感觉到什么样的气氛？ 相机揭示文章内容，引导学生体会环境描写对于突出人物，烘托主题的作用。 小结板书：环境描写烘主题	3. 拓展延伸能基于学生认知和文本需要指向写作的探究价值，并能提高学生认知水平或情感价值		
练	三、学习人物对话部分 1. 出示。 "爸爸，"大孩子摇着他的腿，"你看那树多高！" 还可以怎么写？ w 标点怎么处理？填一填。 比较读，品味：顺序变了，味道怎么样？ 2. 出示。 爸爸并没有从沉思中回过头来，倒是旁边的妹妹插嘴了："不，那不是树，那是大伞。" "哪有这么大的伞！" "你看它多直！"妹妹分辨着。 "它是树，不是伞！"哥哥肯定地说。	1. 课堂教学能根据"测"的效果进行适当变化 2. 教师能指导学生多层面，多角度边读边理解 3. 教师能引导学生抓住典型、精彩的语言信息得形得意		

续表

练	小小的争论打断了爸爸的思路，他微笑着，慢慢地抚摸着孩子们的头，说："这不是伞，是白杨树。" 哥哥还不满足："为什么它这么直，长得这么大？" ①读上述句子，你从这些对话中发现了什么吗？（人物语言的位置不一样，提示语不一样。） ②把所有的对话统统换成"说"的形式，好不好？ ③读一读，有什么感觉， ④加上再读，有什么体会？ 小结：恰当的提示语和巧妙的人物语言位置安排可以让我们感受到说话者的心情、语速，甚至能让人看到说话的情景，给人"如见其人，如闻其声，如临其境"的感觉。 ⑤带着理解读，体会这段对话描写的妙处 3. 你生活中一定也有过类似的对话场面，回忆你印象最深刻的一个场景，把当时的情景和对话的内容写出来。可以写两个人之间的，还可以写多人之间的。 4. 学生写话 5. 展示评议	4. 教师能采用多种教学手段和方法引导学生对课文进行个性化解读和理解 5. 学生能在教师的引导下积极学，乐于答，互动交流，勤于思考 6. 能挖掘课文写作点进行写作训练，达到提高学生语文写作能力的效果 7. 学生能在规定时间进行有效果的训练和反馈		

自然语文教学专题研修活动记录表2

研讨课例：《月球之谜》　　　授课人：吴琼 时间：　　　　　　　　　　记录人：	

研讨主题：范式教学环节的设计与评价

教材位置：中段 三 年级 第六 单元 第22课

教学目标：

    1. 会认8个生字，会写14个生字，重点指导"幕、撒"的书写，引导学生把握好字的间架结构，把字写紧凑。

    2. 引导学生联系上下文理解新词。

    3. 理解课文内容，了解月面的基本情况，以及课文提到的和月球相关的未解之谜。

    4. 教会学生就掌握的材料和已学的知识提出问题的方法。

    5. 积累一些与月亮有关的诗句。

教学重点：了解课文内容，知道月面的基本情况，以及课文提到的和月球相关的未解之谜。

教学难点：引导学生感受月球的神秘和魅力，引导学生能就相关的材料提出问题

范式环节	教学设计	评价指标	评价等级（ABC）	评价意见或建议
预	1. 认真观察田字格中的字，先想想写的时候要注意什么，再准确、工整地书写。 悬、撒、藻、龄、奥、登 2. 准确读写下列词语。 悬挂　奥秘　努力　登上 年龄　神秘　探索　曾经	1. 课前预习的设计能基于该学段学生自学能力基础进行设计 2. 预习能涉及朗读、字、词、材料收集、文章基本内容的了解和把握等方面		

预	3.认真读课文，把课文读准确、读流利。 　　4.搜集有关月亮的诗句、故事和知识，并阅读课后的"资料袋"，了解月球的知识	3.预习中能考虑设计标记、批注等基础自学方法指导的练习，练习量适度		
检	1.认读本课新词。 夜幕　降临　夜空　悬挂 奥秘　努力　登上 任何　一旦　曾经　估计 年龄　神秘　探索 2.交流"预"中书写的生字，评议。 　　3.默读课文，画出文中的问句，指导读好疑问句。	1.课前检测能基于学生预习情况和现有水平进行有效作业设计		
		2.练习检测能根据课时进行有层次，有广度，有梯度的有效设计		
		3.作业设计有导向性和激励性，能直接影响课堂任务的完成效果。		
阅	第一课时 　　一、谈话导入 1.同学们，每当夜幕降临，一轮明月悬挂在高高的夜空，那皎洁的月光曾引起人们多少美好的遐想！月球从哪儿来的？上面有些什么东西？它和地球一样吗？古往今来，为了探索月球的奥秘，人类付出了巨大的努力。这节课就让我们一起走进《月球之谜》，去探索月球的奥秘。(板题、读题)	1.课堂教学能根据"测"的效果进行适当变化		

阅	2."谜"指什么？读了课题,你明白了什么?（再读题） 　　二、初读课文，质疑释疑 1. 自由读读课文，遇到不理解的词语画下来,打上小问号。遇到自己弄懂了的词语，在旁边写上自己的理解。 2. 全班交流，释疑，并相机引导学生读好含有新词的长句子 　　三、再读课文，感知大意 　　1. 默读课文，想想课文围绕"月球之谜"写了什么? 　　2. 学生交流汇报，师相机小结。 　　（1）皓月当空的美好景象。 　　（2)人类登上月球看到的奇异的景色。 　　（3）关于月球的未解之谜。 　　四、阅读"资料袋"，了解月球的知识 第二课时 　　一、复习导入 　　1. 这节课我们继续学习 22 课《月球之谜》(板题，读题)。 　　2. 复习新词：　登上　曾经　　年龄 　　　　　　　　　夜幕　夜空　　悬挂 　　　　　　　　　神秘　探索　　皎洁 　　二、图文结合，感受魅力 　　1.（出示月亮图片）夜幕降临，一轮明月升上天空，那皎洁的月光像轻纱、像薄雾，轻轻地洒在海面，洒在河边，洒在耸入夜空的古塔上，也洒在月光下的你们的身上，此时此刻，你想到了什么? 　　2. 你看看，这如水的月光引起了你们多少想象或思考，这就是文中所说的?（遐想）	2. 教师能引导学生抓住典型、精彩的语言信息得形得意		
		3. 教师能利用课堂与文本资源，抓住要点进行适度拓展学习		
		4. 教师能采用多种教学手段和方法引导学生对课文进行个性化解读和理解		

| 阅 | 3. 读词，读句子，感受"遐想"。
三、精读感悟，感受"奇异"
　1. 古往今来，有多少人和你们一样，面对月亮产生了无限的遐想，也产生了无数疑问，为了探索月球的奥秘，1969 年 7 月 20 日，人类登上了月球，可是当宇航员踏上月球的那一刻，又看到什么样的景象呢？请同学们在课文中找出描写月球表面的句子并画下来。
　2. 生汇报，相机指导理解"满是""一片荒漠"，指导朗读。
　3. 重点指导：这里的天空黑沉沉的，表面却洒满灿烂的阳光。（读到这里，你觉得奇怪吗？哪儿让你觉得奇怪了？带着感受读。）
　4. 带感情读句子。
四、体会感悟，学习问法
　1. 人们对月球的疑问还远不止这些，请同学们自己读读 3—6 自然段，看看课文中提到了哪些未解之谜。
　2. 生汇报，师相机指导。
　（1）体会句子"把细菌撒在从月球带回来的尘土上……难道这些尘土有杀菌的本领吗？"
　a. 识记"撒"字，指导书写"撒、幕"
　b. 比较阅读：难道这些尘土有杀菌的本领吗？
这些尘土有杀菌的本领吗
　c. 去掉"难道"好不好？为什么？（指导朗读） | 　5. 教师能采用多种教学手段和方法引导学生对课文进行个性化解读和理解 | | |

续表

阅	（2）学习第二个"未解之谜"。 　a. 这一段没有疑问句，但有很多疑问就藏在段落中。自己读读，读出疑问。 　b. 生汇报，引导说出疑问。 　c. 带上疑问读文。 （3）体会句子"难道月球比地球的年龄还大？或者是月球的火山活动比地球还早？" 　a. 科学家又做了一项什么实验，科学家又是怎么推测的？ 　b. 比较阅读：难道月球比地球的年龄还大？或者是月球的火山活动比地球还早？ 难道月球比地球的年龄还大？难道是月球的火山活动比地球还早？ 　体会哪个句子好，为什么？ 　c. 师生合作读第六段	6.学生能在教师的引导下积极学，乐于答，互动交流，勤于思考		
拓	迁移运用，教会提问 　1.月球之谜仅仅只有这些吗？你从哪里读出来？ 　2.（出示"环形山之谜"）自己读读，有疑问吗？想怎么说出自己的疑问？ 　3.阅读相关资料，了解更多的月球知识	1.拓展能引导学生立足课本，高于课本，甚至能创造性地使用课本		
		2.拓展延伸能基于学生认知和文本需要指向写作的探究价值，并能提高学生认知水平或情感价值		

续表

写	1. 课文学到这里，你一定又产生了新的疑问，结合这些资料写出你的疑问，学会用"……难道……"或者"为什么……难道……或者……"的句式提问。 　　2. 生写话，全班交流 一、看拼音，写词语 　jiǎo jié　　xuán guà　　ào mì　　nián líng 　（　　）（　　）（　　）（　　） 　yè mù jiàng lín　　　lìng rén fèi jiě 　（　　　　）　（　　　　） 二、我会把下列诗句补充完整 1.＿＿＿＿＿＿，呼作白玉盘。 2. 月来满地水，＿＿＿＿＿＿。 3.＿＿＿＿＿＿，月是故乡明。 4.＿＿＿＿＿＿，江静碧云天。	1. 能挖掘课文写作点进行写作训练，达到提高学生语文写作能力的效果		
		2. 学生能在规定时间进行有效果的训练和反馈		
		3. 课后检测内容全面、系统。能根据教学内容涉及读音、字、词、句、阅读、练笔、积累等方面		
		4. 检测难度适中，符合年段特点，练习指向检测教学目标的实现，符合课标年段评价建议		
测	三、阅读短文，完成练习 **恐龙的灭绝** 　　我们人类只有三四百万年的历史，恐龙却在地球上生活了大约两亿年。人类的历史与恐龙的历史相比，可就短多了。但是，庞大的恐龙为什么会消失了呢？ 　　一种说法是，有一段时间，地球上突然变得十分寒冷。恐龙没有冬眠的习惯，他们不能像蛇和乌龟那样，借冬眠来躲避寒冷。加上恐龙身上没有皮毛来保暖，他们耐不住严寒就慢慢地消失了。	1. 检测内容适量，重点考查学生基础知识的掌握，灵活运用能力和综合素养		

续表

| 测 | 另一种说法是，宇宙行星撞上了地球，尘埃把太阳遮住了，地球上一片黑暗。因为没有阳光照射，植物大量枯萎、死亡，那些以植物为食物的恐龙和其他动物，渐渐地死去了。随着动物的减少，食肉的恐龙找不到足够的食物，也渐渐地灭绝了。

还有其他的种种说法：比如，地球上的哺乳动物越来越多，他们经常吃恐龙蛋，使恐龙渐渐灭绝；突然流行的传染病，使恐龙全部死亡；全球气温下降，使恐龙蛋只能孵出雄性的小恐龙……

这些说法都有一定的道理，但又不能让人完全信服。所以恐龙灭绝这个谜，至今还没能解开。今天的人类只能在博物馆或者从电影和书籍中，来想象恐龙往日的辉煌了。

1. 在文中找出下列词语的近义词。
巨大（　　）　　干枯（　　　）
充足（　　）　　相信（　　　）

2. 文中说到恐龙灭绝的原因很多，你认为哪一种最让你信服？并说出原因。

3. 几亿年前的恐龙长得什么样？是怎么生活的呢？我要想象一下，把我的疑问写下来 | 2. 阅读设计能准确把握课程标准对学段的阅读要求，涉及语文基础知识的积累与运用，检测对文章的理解及分析鉴赏能力 | | |
| | | 3. 习作命题明确、具体。能激发学生的创作活力，能提供灵活迁移运用学到的知识和技能的机会 | | |

自然语文教学专题研修活动记录表3

研讨课例：《一夜的工作》	授课人：程家云
时间：	记录人：

研讨主题：范式教学下的略读教学初探（建议教师从略读课文教学的角度去观察设计和教学，为后期开展阅读教学范式教学做一点了解）

续表

教材位置：<u>高　段</u>　<u>六</u>年级　第　<u>三</u>　单元　第　<u>13</u>　课

导读提示：

　　想一想，课文是从哪些方面叙述周总理一夜的工作的？把使你感动的语句画下来，多读读，再把你的感受讲给同学听

教学目标：

　　1. 会认两个生字，积累八个词语，区别"蒙眬和朦胧""审阅和浏览"的不同意思。

　　2. 有感情地朗读课文、理清课文的顺序，把握课文的主要内容。

　　3. 品读课文关键句子和词语，感受周总理生活简朴的高尚人格和为人民鞠躬尽瘁的精神。

　　4. 领悟本课用朴实无华的文字，生活中的小事表现人物高尚人格的方法

范式环节	教学设计	评价指标	评价等级（ABC）	评价意见或建议
预	1. 给下列生字注音组词。 眬（　　）　喔（　　） 　　2. 自学词语，会读会写。找出一组同音词说说他们的不同之处。 陈设　极其　隔壁　蒙眬　审阅 思索　热腾腾　转椅　朦胧 　　3. 读课文，想一想这篇课文讲了什么？ 　　4. 读课文，用波浪线画出让你感动的句子。	1. 课前预习的设计能基于该学段学生自学能力基础进行设计 　　2. 预习能涉及朗读、字、词、材料收集、文章基本内容的了解和把握等方面 　　3. 预习中能考虑设计标记、批注等基础自学方法指导的练习，练习量适度		
检	一、激趣导入、检查预习 　　1. 同学们，在周总理逝世后有位诗人写下了一首诗，请同学们来看看。	1. 课前检测能基于学生预习情况和现有水平进行有效作业设计		

检	2.课件出示诗《周总理，你在哪里》生齐读，想一想你有什么感受或疑问。 3.师总结：是什么让诗人如此感动，是什么让人民如此动情，是什么让周总理受到人们的爱戴呢？这节课让我们跟随另一位诗人何其芳，去总理的办公室看看他一夜的工作。 4.板书课题《一夜的工作》。 5.指名认读词语，生跟读，区别蒙眬和朦胧	2.练习检测能根据课时进行有层次，有广度，有梯度的有效设计 3.作业设计有导向性和激励性，能直接影响课堂任务的完成效果		
阅	一、初读课文，把握课文内容 1.请大家自由地读课文，读完后用几句话概括这篇课文写了什么？ 2.指名汇报 3.师小结写作顺序：像这样按照事情发展的顺序叙述故事，叫顺序。 二、抓住重点语句，品悟总理生活简朴 认真仔细地读课文，想一想文中的哪句话、哪个词、哪个动作、哪个细节让你有所感触，把它画下来，再想一想它你感受到了什么？ 品读："那是一间高大…如此而已。" 1.认真读这句话想一想哪些词会突然跳到你的眼前？你从这个词感受到什么？ 2.生汇报交流，师相机指导。 A.高大的宫殿式的房　B.极其 C.如此而已	1.课堂教学能根据"测"的效果进行适当变化 2.教师能引导学生抓住典型、精彩的语言信息得形得意		

| 阅 | 3. 师总结在极其简单的工作环境背后有一种极其不简单的东西,那就是(人格,为人,精神)。
4. 指导朗读。
5. 你还从哪些极其简单的句子中看出了周总理极其不简单的人格了呢?
品读:"值班室的同志送来…而增加了分量。"
1. 体会好像,表示增加了还这么少。
2. 总理工作了一夜,夜宵不但简单,而且这么没营养,你想对我么的总理说什么呢?
总理的生活是这样的简朴,他的工作是怎样的呢?
品读:"他一句一句地审阅…把稿子交给了我。"
1. 从这个句、子中的哪个地方读出了审阅的意思,区别浏览。
2. 他怎么审阅的,找动词(画、思索、想、问),你从这些动词体会到什么?(从极其简单的工作中看出极其不简单的精神:一丝不苟,认真负责)
3. 周总理审阅了多长时间,多少文件?(一夜,一尺来高)
4. 师生合作朗读。
5. 想一想周总理一边审阅文件,一边在想写什么呢? 生交流。师小结。
6. 总结写法:作者就选取了周总理的办公环境、吃的夜宵和审阅稿件这三件生活中的细小的事,却写出了周总理伟大的精神和人格 | 3. 教师能采用多种教学手段和方法引导学生对课文进行个性化解读和理解 | | |

| 阅 | 三、感情朗读，体会作者的情感，升华情感

1. 生大声地朗读最后两个自然段，读后问：你是带着怎样的感情在读这句话？想一想你有什么疑惑。

2. 谈体会。（作者以我们国家有这么好的总理感到骄傲自豪）

3. 提出质疑，作者看到只一夜的工作为什么说每夜的工作都是这样的？

4. 生讨论交流。（一由偶然看到的一夜产生的联想，二阅读课后资料袋，三师补充资料。）

5. 再次有感情地朗读最后一个自然段。

四、总结写法
把本课与《十六年前的回忆》《灯光》对比，有哪些相同之处？

都是通过事情来反映革命先烈的伟大精神和人格。

本课与《十六　年前的回忆》《灯光》对比有哪些不同之处？

写作顺序
《十六年前的回忆》　　倒叙
《灯光》　　倒叙
《一夜的工作》　　顺序
选材不同
《十六年前的回忆》　　与敌人做斗争
《灯光》　　为革命胜利牺牲
《一夜的工作》　　生活中的小事 | 4．学生能在教师的引导下积极学，乐于答，互动交流，勤于思考 | | |

拓	师补充资料：拓展体会总理一生鞠躬尽瘁的精神。 　　总理的工作是这么的繁重，本应该吃点好的补补身体，多休息调养好身体再工作，可是总理一心想着人民，把自己的身体乃至生命置之度外，以致积劳成疾，在 1972 年总理已经被查出患了癌症，也就是说总理是拖着重病之躯每天工作 23 个小时。周总理就是这样忧国忧民，超负荷的工作，无私地奉献着自己的智慧和精力！直到生命的最后一刻！让我们一起来看一看周总理生命的最后一段历程。	1. 拓展能引导学生立足课本，高于课本，甚至能创造性地使用课本。		
		2. 教师能利用课堂与文本资源，抓住要点进行适度拓展学习。		
		3. 拓展延伸能基于学生认知和文本需要指向写作的探究价值，并能提高学生认知水平或情感价值。		
写	作文：母亲节刚过，父亲节即将到来，请同学们选择一两件小事，写一写反映父母对你的爱，表达你对他们的感激之情。	1. 能挖掘课文写作点进行写作训练，达到提高学生语文写作能力的效果		
		2. 学生能在规定时间进行有效果的训练和反馈		

续表

| 测 | 选词填空

　朦胧　浏览　审阅　简朴　改善
鞠躬尽瘁　蒙眬　劳苦　简单　改进
浏览　改正　一丝不苟

　　我揉了揉（　　）的睡眼，走进总理的办公室，只见办公室的陈设是那样的（　　），宵夜是那样（　　），只有两杯绿茶，一小碟花生米如此而已，我多么想替总理（　　）他的工作和生活环境。办公桌上的文件堆积如山，但是总理（　　）文件十分认真，一检查到错误就立刻（　　），等总理（　　）完文件公鸡已经喔喔叫了。啊！总理的工作是多么（　　），生活多么（　　）。我看着天空（　　）的月光，我心情特别激动，我为我们国家有这样一位为人民（　　）的好总理感到骄傲、自豪。 | 1.检测难度适中，符合年段特点，练习指向检测教学目标的实现，符合课标年段评价建议

2.检测内容适量，重点考查学生基础知识的掌握，灵活运用能力和综合素养 | | |

自然语文教学专题研修活动记录表4

研讨课例：《通往广场的路不止一条》　　授课人：乔婷婷	
时间：　　　　　　　　　　　　　　记录人：	
研讨主题：略读课文教学策略初探	
研修目的：加强语文教师对略读课文的关注，进一步提升教学内容选择和教学目标确定的能力。能围绕教学目标开展有效的教学设计，能从单元整体入手，科学处理精读课文与略读课文之间的互补关系，提升教师的单元整体意识和单元教学设计能力	
教材位置：高段　五　年级　第四单元　第14课	

续表

教学目标：

　　1. 认识 4 个生字，正确认读本课的词语。

　　2. 正确、流利、有感情地朗读课文，理解父亲教导"我"的话，并以作者为榜样，树立积极向上的生活态度。

　　3. 对照《钓鱼的启示》一文，比较写法的异同，初步学习写启示的方法

教学重点：联系上下文和生活实际领悟"通往广场的路不止一条"的深刻含义
教学难点：对照《钓鱼的启示》一文，比较写法的异同，初步学习写启示的方法

教学过程：	二次设计
（课前交流：背诵《弟子规》） 　　一、导入 　　1. 师：孩子们，你们通过学习《弟子规》获得了不少课堂外的知识，受到许多受益的启示，今天我们再来学习一篇有关启示的文章。（板书课题：通往广场的路不止一条） 　　2. 学生齐读课题。 　　3. 这是一篇略读课文，课前同学们都预习了课文，现在我们一起来看看本课的生字是否都会读了。 　　（1）出示生字词。 重点指导多音字"挑"的读音。 　　（2）文章哪些自然段介绍了作者"获得启示"？（1—3 自然段）其他自然段写了什么？（作者在生活中遇到的困难，是怎么解决的。） 　　二、探究启示 　　1. 默读课文 1—3 自然段，画出描写作者得到启示的句子。 　　2. 出示句子：通往广场的路不止一条。 这句话正是本课导读中要求同学们理解的含义深刻的句子。请同学们再读一读父亲的话，看看哪句话写出了"通往广场的路不止一条"的意思？ 　　3. 作者选取了生活中的两件事来说明父亲的话对自己的影响，请同学们读课文描写第一件事的部分，说一说，在生活中，作者遇到的"不能达到目的的路"是什么？（作者从毛衣入手设计时装时，维黛安太太一个人两个星期内不能完成织四十件毛衣的订单。）	

作者又选择了哪条路？（找到二十位心灵手巧的妇女一起来完成）结果如何？（结果成功了——"从此，一条时装的河流，源源不断地从我的时装店里流出来。"）

此刻，你有什么想法？再次朗读父亲的话。

4.请同学们接着读课文，思考：

（出示阅读提示）作者列举的第二条"生活中不能达到目的的路"是什么？作者又选择了哪条路？结果又如何？此刻，你又有什么想法？

5.学生读后交流：举办时装展览时，缝纫姑娘跑光了，时装展不能如期举行。作者改举办不是成衣的时装，结果成功了。

再读父亲的话。

6.作者的两次经历，说明了"通往广场的路不止一条"，同学们，想一想自己或是他人有没有类似的经历？谁能结合自己或身边人的生活实际说说"通往广场的路不止一条"的含义？

试着背诵父亲的话。

小结："通往广场的路不止一条"，这句话含义深刻，我们一开始可能不能很好地理解它的含义，这节课，我们读读课文，结合上下文，再联系我们的生活实际，就能很好地理解了它的含义。看来，理解句子的含义也不只是一条路呀！

三、感悟写法

1.同学们，《钓鱼的启示》是如何来写获得的启示的？而同是写启示，本篇课文在表达方法上与《钓鱼的启示》一课有很大不同,你发现了吗？（先交代父亲留给自己的启示，再结合生活实际谈这个启示对自己的影响。）

2.快速看看课文"得到启示"部分，它和《钓鱼的启示》又有什么不同？（只介绍了所得启示，并没有介绍事情的经过。）

3.作者在文章中所详细介绍的生活中的两件事与"得到启示"部分有什么关系？（举例说明所得启示让自己受益终生）

小结：看来，写启示的路也不止一条，我们既可以通过详细介绍自己获得启示的过程，像《钓鱼的启示》那样，还可以像本文这样，先介绍自己得到的启示，再通过具体事例说明这个启示对自己的益处

四、拓展训练

（一）创设情境，引发启示

1.师：从这节课同学们的表现来看，你们个个都很聪明，老师想知道你们谁最聪明，所以，现在我要对你们进行智力测试。敢不敢接受挑战？

续表

2. 师介绍测试规则：测试时间为 1 分钟，老师宣布"开始"方可答题，教师宣布"结束"立即停止答题，否则将取消比赛资格。

3. 教师出题：1+1=？

4. 学生做题。

5. 教师出示答案：

从数学角度：1+1=2

从说理角度：1+1=1（一滴水加一滴水还是一滴水），3，……

从拼字角度：1+1= 王　田　丰……

从拼图角度：1+1= 兔子耳朵，一双筷子，燕子尾巴……

……………

6. 从这个小小的游戏中你是否有所启示？

总结："1+1"看似一个简单的问题，从不同的角度去思考，会得到不同的答案。在生活中，如果我们能换个角度看问题，也许会得到意想不到的结果。

（二）点拨方法，指导练笔

1. 如果把刚才智力测试的启示写成一篇文章，你会写吗？

2. 提醒：如果按照《钓鱼的启示》一课的写法去写，你认为哪些地方要加入心理描写？（教师宣布要进行智力测试时，教师介绍测试规则时，老师出题时，自己答题时，教师总结答案时，老师讲启示后）哪些地方要加入场面描写？

如果按照《通往广场的路不止一条》的写法去写，你认为应该注意什么？（先概括写智力测试给自己的启示，然后结合自己或他人具体的生活事例谈收获。）

3. 看，一次智力测试的启示也有多种写法，原来写好文章的路也不止一条！再齐读父亲的话。

五、布置作业

1. 模仿本课或是《钓鱼的启示》的写法，写一篇小练笔：《"1+1"的启示》。

2. 推荐阅读：《把梳子卖给和尚》

研修思考：请思考你在最近的教学中遇到的略读课文教学案例，它与单元内哪篇精读课文之间有内在联系，请想一想，并说说你是怎么设计的

自然语文教学专题研修活动记录表 5

研讨课例：《飞向蓝天的恐龙》　　　　　授课人：王媛 时间：　　　　　　　　　　　　　　　记录人：	

研讨主题：本体性教学内容的选择

研修目的：一节语文课，要"教什么"应该是教师首先思考的问题，只有确定了"教什么"，我们才能进一步研究"怎么教"。本次活动我们将进一步研究如何准确合理的选择本体性教学内容

教材位置：<u>中</u>段 <u>四</u>年级 第<u>八</u>单元 第<u>31</u>课

教学目标：

1. 认识分号，进一步了解分号与冒号的作用。
2. 了解恐龙飞上蓝天的演化过程，能理清句子之间的关系，并尝试画出思路图。
3. 借助思路图，结合关键词，能用自己的话有条理的复述恐龙飞上蓝天的演化过程

教学重点：了解恐龙飞上蓝天的演化过程，能理清句子之间的关系，并尝试画出思路图。

教学难点：借助思路图，结合关键词，能用自己的话有条理的复述恐龙飞上蓝天的演化过程。

教学过程：	二次设计
课前交流： 　　根据以前了解的恐龙知识，你都知道什么龙？看很多恐龙图片。（课件出示）边看边讲解：很多种龙组合在一起成为庞大家族。这些恐龙都一样吗？形态各异。上节课我们知道课文讲的是讲恐龙和鸟类的关系。那恐龙是如何飞上蓝天的？	

一、激趣导入

这节课我们就跟随作者，穿越时空隧道，访问中生代的地球，看看这一演化过程。课文哪个自然段写的这个内容？

二、了解恐龙进化过程

1. 自由读第四自然段。

2. 我们先来看看世界上第一种恐龙长什么样子？

3. 课文是怎么描绘恐龙的庞大家族和形态各异的？

4. 这么长的，才一句话。这里概括了几类恐龙？说说看？

5. 这六类，作者又把它分作几组？你是怎么知道的？

（1）组别

（2）标点（分号，用来表示并列的几列。）

6. 打乱顺序？

（1）原因板书：行走、形态、性情

（2）这样分成几类来写，条理就更清楚了。一起读。

（3）又是怎么写的呢？

①有一个字反复出现，"则"

②对比阅读，体会则的作用（表示截然相反）

③那到底有哪些形态各异的恐龙呢？

生回答，师画出思路图

指名上台画。

7. 冒号的作用。师读前半句，生读后半句。你们读的句子和我读的有什么关系？（总分）用的什么符号?(冒号后的句子具体指出庞大家族有哪些，表示总起的作用。)

板书：庞大家族

小结：这么复杂的句子，我们借助思路图理清了它们的关系，再抓住关键词，就能用自己的话说出来。

8. 练习复述。

学生看板书复述第二句话的内容。

三、迁移方法，学习第三句

1. 接下来作者又向我们介绍了什么？默读。

2. 你有什么发现？

3. 自己试着画出思路图（指名上台画）。

4. 谁能用自己的话说说。

四、自学第四至七句

1. 恐龙是怎样飞向蓝天的？科学家有两种看法，默读。

2. 借助课件完成思路图。

3. 练习复述。

4. 齐读最后一句。"毋庸置疑"是什么意思？为什么毋庸置疑？理由是什么？

五、复述整段

1. 默读：根据课文内容想象恐龙飞向蓝天的演化过程。

2. 借助思路图，抓住恐龙的特点分类阐述，再用自己的话有条理地说一说再用自己的话有条理地说一说。

六、齐读：最后一段

交流

七、交流收获

板书

第一种恐龙 庞大家族
- 行走
  - 两足奔跑
  - 四足行走
- 形态
  - 身长几十米，重达数十吨
  - 身材小巧，体重不足几公斤
- 性情
  - 凶猛异常，茹毛饮血
  - 温顺可爱，以植物为食

（其中的）猎食性恐龙
身体渐小，越来越像鸟类
- 骨骼中空，身体轻盈
- 脑颅膨大，行动敏捷
- 前肢渐长，像羽翼，会拍打
- 体表长出羽毛，无鳞片或鳞甲

两种观点
- 一些种类 躲避敌害 寻找食物 树上生存跳跃 、降落 滑翔能力
- 一种生活在地面上 带羽毛的 恐龙，在 奔跑的 过程中

学会飞翔

研修思考：听课反思

"自然语文"高效课堂实验研究
——关于教学范式的课例研讨

温涛

研讨课例——《颐和园》
（人教版四上第五组）

单元目标：

认真阅读课文，想象课文描写的情境，留心文章表达的方法。如果有条件，还可以搜集与我国的"世界遗产"有关的资料。

课后思考与练习

1.颐和园的景美，课文的语言也很美，要有感情地多读几遍，把喜欢的部分背下来。

2.我们来讨论一下：作者是按怎样的顺序浏览的，从课文的哪些语句可以看出来？

3.长廊、佛香阁、昆明湖等景物的特点不同，作者描写的方法也不一样。找出描写这些景物的句子，好好体会体会。

小练笔：学习《颐和园》的写法，记一次浏览活动。

教学目标

1.有感情地朗读课文，感受颐和园美丽景色。

2.学习作者按浏览顺序"首尾呼应、移步换景"的作文构思方法。

3.学习作者选择重点，分层描写的叙述方式。

4.学习作者生动形容，准确比喻的语言表达技巧。

5.尝试运用以上方法进行习作。

 **自然语文**的理论与实践

课前准备

预

1.正确、规范地写出本课生字。

2.读准字音，读通课文，理解下列词语意思。

横槛：______________________金碧辉煌：______________________

神清气爽：______________________姿态不一：______________________

3.课文中有许多这样的短语，请抄写下来，再写几个类似的短语。

例：绿漆的柱子______________的______________的______________

______________________　　　　______________________

类似的短语：

______________________　　　　______________________

4.抄写2—5自然段的第一句话，并想想它们在文中起什么作用？

____

____

5.认真读读课文，想想作者都主要写了哪些景物，按顺序写下来。

____

____

教学过程

检

1.默写词语

长廊　　　　横槛　　　　神清气爽

耸立　　　　佛香阁　　　　金碧辉煌

万寿山　　　葱郁　　　　画舫　　　　远眺

116

昆明湖　　　堤岸　　　宫殿　　　　姿态不一

2.检查朗读

（1）北京的颐和园是个美丽的大公园。

（2）绿漆的柱子，红漆的栏杆，一眼望不到头。这条长廊有七百多米长，分成 273 间。每一间的横槛上都有五彩的画，画着人物、花草、风景，几千幅画没有哪两幅是相同的。

（3）昆明湖静得像一面镜子，绿得像一块碧玉。游船、画舫在湖面慢慢地滑过，几乎不留一点儿痕迹。

（4）桥栏杆上有上百根石柱，柱子上都雕刻着小狮子。这么多的狮子，姿态不一，没有哪两只是相同的。

阅

一、

1.板题

2.谈话：同学们，我们已经学习过这篇课文，跟随作者的描写，对颐和园有了一个清晰的了解，感受了颐和园的美丽景色。这节课咱们干什么呢？

圆明园作为中国现存规模最大，保存最完整的皇家园林，其总面积为 4350 余亩，由东至西最长达 20 公里。园中有大大小小的景点几百处，作者主要抓住哪些景点来描写的？又是按怎样的方法，怎样的顺序来描写的？这节课，我们就来寻访作者描写的线索，学习作者观察、描写的方法。

二、

1.开头与结尾

（1）读一读，发现了什么？　　　（美丽）

（2）首尾呼应　　　（写游记的方法）

2.画出 2—5 自然段的第一句话，看看它们在文中起什么作用？

（1）告诉了我们作者的浏览顺序和观察点。（站在哪里观察的）

（2）边走边看，把自己站在不同地方看到的景物写下来，这叫移步换景。

三、

1.作者是不是把看到的所有景点都写出来了呢？他主要描写了在哪几个地方看到的景物？

汇报：长廊　　万寿山上　　昆明湖

这样选择一些主要景物来写叫选择重点。

2.下面我们来看这几处景物作者都是怎么来描写的？

（1）长廊

① 用心读一读，想想它因什么而得名？

汇报：长　　　700多米　273间

② 再读读，看看它因什么而吸引人？

汇报：画　　花木

③ 抓住特点，分层描写。

（2）万寿山上

① 自由读一读，看看作者都看到哪些景物？把关键词划出来。

树丛　　琉璃瓦屋顶　　宫墙　　昆明湖　　渡船画舫　　城楼　　白塔

② 分类：最先看到，然后，最后　　　　　　　　观察顺序——分层描写

③ 要写好一处景点，要按照一定的顺序分层描写，这样才能把景物写清楚。

板书：抓住重点　　分层描写

④ 读一读，读出作者视线由近及远的感觉。

⑤ 比较阅读，体会作者生动形容、准确比喻的语言表达技巧。

品读体会：

登上万寿山，站在佛香阁的前面向下望，颐和园的景色大半收在眼底．葱郁的树丛，掩映着黄的绿的琉璃瓦屋顶和朱红的宫墙。正前面，昆明湖静得像一面镜子，绿得像一块碧玉。游船、画舫在湖面慢慢地滑过，几乎不留一点儿痕迹。向东远眺，隐隐约约可以望见几座古老的城楼和城里的白塔。

登上万寿山，站在佛香阁的前面向下望，颐和园的景色大半收在眼底．有树

丛，有琉璃瓦屋顶和宫墙。正前面，昆明湖上游船、画舫在湖面划过。向东远眺，可以望见城楼和城里的白塔．

　　葱郁的——黄的绿的——朱红的——　　　　　　　颜色类（生动形容）

　　——镜子——碧玉——　　　　　　　　　　　（准确比喻）

　　入情再读。

　　（3）昆明湖

　　自由读，细心体会，作者是按什么顺序写的？重点描写了什么？

　　汇报：四周——中间　　　　重点：十七孔桥

　　3.小结

　　学习了写游记的写法：

　　（1）首尾呼应，移步换景。

　　（2）选择重点，分层描写。

　　（3）生动形容，准确比喻。

拓：

　　1.出示龙岗阁图片，观察，你都看到些什么？给你什么印象？

　　2.夜晚龙岗阁。

　　3.拓展阅读:《龙岗阁》

　　抬头向上看，一座高大雄伟的仿古建筑矗立在面前，它就是龙岗公园最著名的景点——龙岗阁。据说，龙岗阁是仿照四大名楼之一的武汉黄鹤楼修建的。楼高五十多米，共分五层。站在楼下，需要高高仰起脖子才能看到它的全貌；再加之它又修筑在龙岗公园的最高处，所以在十几里外都能看见它的雄姿。白天，朱红的墙壁，金色的瓦片，洁白的栏杆，在阳光的照射下，显得更加光彩夺目。再加上书法名家题写的牌匾和对联，更显出浓浓的古朴气息；夜幕降临，龙岗阁的彩灯亮了，整座楼阁顿时五光十色，远远望去，在灯光的映衬下，龙岗阁仿佛是落在汉阴大地上的一颗耀眼的明珠。

　　（1）作者抓住龙岗阁哪些特点？按什么顺序写的？

（2）假如你来写，你还可以从哪些方面写？按什么顺序写？

写：

一、

1.按顺序出示游龙岗公园图片，引导观察。

2.你选择哪几处景物写？

3.你怎么介绍浏览的顺序？

二、练笔写作，巡视指导

三、集体评议，修改

测：

1.生字词语。（听写文中的生字词语）

2.文章内容，根据作者的观察点，写出作者在此观察到的景物。

观察点	景物
长廊	
万寿山脚下	
万寿山上，佛香阁前	
昆明湖边	

3.阅读短文，回答问题。

迷人的张家界

未到张家界时，我就听人说，湖南的张家界地貌奇特，有着泰山之雄，华山之险，黄山之变化，桂林之秀丽。这次来张家界，我才真正领略了这仙境般迷人的景色。

乘车出张家界市区向东北方向走了半个多小时，虽见群山连绵不断，但却平淡无奇。不料，车子刚转过一个山头，眼前的景色突变，就像顷刻间拉开了巨大的帷幕，托出了一个神奇的世界。重重叠叠的山峰拔地而起，高耸入云。它们是那么多，一座挨着一座，一座有一座的特点，一座有一座的姿态。有的像背草篓的采药老人，有的像手捧鲜花的妙龄少女，有的像摩天大楼，有的像两根尖尖的竹笋，有的一柱独峙，像一支长长工的利剑……它们纷纷地排列在你的面前，张着宽阔的臂膀，向你拥抱，向你微笑，向你絮絮低语。这每一座山峰，都像一幅美妙的画，一首优美的诗。

在张家界处处可见的峰林中，最使人难以忘怀的要数金鞭岩。金鞭岩高出峰林之上，与其他山峰迥然不同，从山肢到顶巅，像斧砍刀劈似的，只在它的顶上生长着几株苍郁不衰的松树。夕阳映照下的金鞭岩，金光闪耀，有如一支怒举的金鞭，直指云霄。一座巨大的山峰紧靠着金鞭岩，巨峰酷似雄鹰，鹰首高昂，凌空展翅，一只翅膀有力地半抱着金鞭岩，气势磅礴，这就是有名的"神鹰护鞭"。

群峰中最高的要算黄狮寨了，寨顶有一片平地，四周天然形成十多处观景台。站在观景台上，放眼望去，张家界的美景尽收眼底。我们来到一处叫点将台的地方，朝下望是万丈渊，台的对面齐齐刷刷地屹立着大小八九座山峰，像一个个虎背熊腰的威武将军，在等待着出征的号令。

金鞭溪是天然形成的一条美丽的溪流，因金鞭岩而得名。溪水弯弯曲曲自西向东流去，久旱不断流。走近金鞭溪，满目青翠，连衣服都映成了淡淡的绿色。放轻脚步谛听，流水潺潺，伴着声声鸟语。走着走着，忽然感到一阵清凉，才觉察有微风习习吹过，阵阵袭来的芬芳使你不由得驻足细细品味。清澈见底，纤尘不染的碧水中，鱼儿欢快地游动，红、绿、白各色卵石在水中闪亮；阳光透过林隙，在水面上洒落斑驳的影子，给人一种大自然安谧静美的享受。

因为有了这山秀水，张家界便成了植物的宝库，动物的乐园。据统计，这里已发现的木本植物就有93科、517种，比欧洲多一倍以上，有活化石之称的珙桐、银杏、水杉比皆是。野生动物达500余种，属国家一、二类保护动物的有金钱豹、娃娃鱼、红腹锦鸡、猕猴等等。无论春夏秋冬，无论严寒酷暑，这里四季如春，景色宜人。那茫茫苍苍的绿色，奇异艳丽的花朵，使张家界永远充满着微型机与活力。

由于张家界举世无双的美学价值和科学价值，张家界于1992年月12月被联合国列入世界自然遗产名录，张家界因此成为世界级的风景名胜，成为人类共同拥有和保护的宝贵财富。

迷人的张家界，名副其实的人间仙境。

（1）作者主要描写了张家界哪几处景物？

（   ）   （   ）   （   ）

（2）在第 4 自然段中，作者是怎样观察的？

____

____

（3）抄写两条你喜欢的句子，写出你喜欢的理由。

____

____

（4）按照游览的顺序，选择几处重点，描写你的校园。

____

____

____

____

《冬阳·童年·骆驼队》教学设计

温涛

涵咏一段文字，体会一种心境；

触摸一段感情，感受一种味道。

教材简析

本文是台湾著名女作家林海音为自传体小说《城南旧事》写的序言（出版后记）。课题"冬阳·童年·骆驼队"是全文的文眼，"冬阳"为文章创设了一种感伤与温暖交织的情绪基调，"童年"揭示了本文的内容主旨，而"骆驼队"则是贯穿全文的一条线索。三个词语的结合，勾画出一幅记忆深处的童年印象，营造出了一种深沉广阔的意象空间和情感空间。全文语言平实质朴，通过怀想童年趣事，使我们在感受到童心、童真、童趣的同时，也感受到那份蕴藏在字里行间的深情。

学习这篇课文，要把握课文主要内容，进一步感受童年生活的乐趣，懂得珍惜童年、珍惜时光；学会抓住重点词句，体会文章传达的思想感情；领悟"静静地读书，静静地思考，静静地体味"的学习方法。在关注"言语内容"的同时，初步感知"言语表达"的味道。

设计意图

"潜行于字里行间，静默于悠悠情思，怀念于稚趣时光，感伤于童年飘逝"——这是我理想中的课堂状态。关于本课，特级教师闫学和王春晓老师曾因为对此篇文章的解读和因此引出的教学定位进行过激烈论辩。结合本文特点，思量再三，没有把"语文知识"的教授作为此课教学的立足点，而在于感受氤氲在文字中的丰富、唯美的情感内蕴，从而对学生进行"人文熏陶"。在教学中，我力图将作者童年的四个生活剪影立体化呈现，把作者的"昨我"与"今我"不断强化，在"昨日的温暖"与"今日的感伤"中反复对比，在"童年的甜蜜"与"今日的思愁"中持续浸润。不断激发学生与作者的情感共鸣。在对第十五自然段改造内容的反复呈现中逐步走向情感的深入。在静静地读书，静静地思考，静静地体味中循着作者的情感轨迹，酣畅淋漓地走一遭。通过读书、联想、体验、对话感受蕴含在字里行间的深情，体会作者的感伤与怀念。"引领学生循着作者的情感走"而不要"旁观式的冷静分析探究"是适合本课文本特点的，也是我的选择。

教学目标

营造一种情境，氤氲一种情绪，体味一种情感。

1.认识本课3个生字，会写9个认识的字。正确、流利、有感情地朗读课文。

2.读懂课文，了解作者童年时对骆驼的喜爱，想象课文描写的童年生活画面，体会作者对童年生活的怀念之情。

3.背诵喜欢的段落，抄写喜欢的句子。有兴趣的同学可以读读小说《城南旧事》。

教学重点

能从作者回忆童年生活的几个片断中，通过重点词句的理解，通过拓展阅读体会童趣，感受作者对童年，对第二故乡北京的怀念之情。

教学难点

理解课文最后两段。

课时安排

2课时

第一课时（略）

一、谈话导入，营造氛围

二、交流信息，了解作者与背景

1.交流课前收集的相关信息。

2.结合"资料袋"，总结出示。

三、初读课文，理清文章思路

１．自由朗读课文，要求：

（１）借助文中注音和工具书把课文读正确、流利。

（２）思考：

作者回忆了童年生活中的哪几个片断，分别在课文的哪些自然段？

２．汇报、交流（教师及时板书）

作者回忆了童年生活中的这四个片断。

第二课时

重温童年记忆

1.欣赏歌曲《送别》。

2.谈谈记忆中童年有意思的事。

3.出示课题，两读课题。

体味童年往事

上节课我们已初读了课文，了解了课文的主要内容。现在共同回顾作者围绕骆驼都写了童年的那几个生活片段？

学骆驼咀嚼

讨论驼铃用处

想帮骆驼剪毛

追问骆驼去处

你觉得哪件事最有趣，再细读，画出感受最深的句子，写写自己的感受。

1.学骆驼咀嚼

A.一生读文，抓"咀嚼"

B.再读，想象画面

C.齐读

D.观看骆驼咀嚼视频片段

E. 读到这，看到这，你想对眼前的一幕说点什么？

F. 假如此时，你就是那成年了的林海音，你想对童年的自己说点什么？

G. 会想起当年傻傻的自己，林海音的内心充满了温暖与甜蜜，可马上想到那日子已随时光过去了，一种失落油然而生，一种忧伤渐渐浮上心头，就像她在文章结尾所说的那样。谁来为林海音做这一番内心独白。再齐读。

2. 讨论驼铃用处

A. 分角色读文章

B. 假如别人问你驼铃有什么用处，你怎么回答？

C. 面对女儿天真的猜想，爸爸怎么对待？他想的会是什么？又在笑什么呢？

D. 从这里，你读到了一位怎样的父亲？

E. 就是这样一位慈爱的父亲，却在林海音小学毕业时就早早地去了，想到自己和爸爸讨论驼铃用处的往事，当年与父亲在一起点点滴滴温暖的记忆一起涌上心头，可父亲已经不在了……再读15自然段，做内心表白

3. 想帮骆驼剪毛

A. 一生读相关段落。你觉得林海音为什么想去给骆驼剪毛？

B. 成年后的她会对当年的自己说些什么？

C. 已是中年的林海音还会想去剪毛么？

D. 谁再来为她做独白？读15自然段相关句子

4. 追问骆驼去处

A. 读课文 11—14 自然段

B. 再读妈妈的话

C. 童年时代的林海音小脑袋里总是装满了问不完的问题，她还会问些什么呢？

D. 课外拓展阅读小说《城南旧事》选段

E. 以上这些问题，中年的林海音还会问吗？再读15自然段相关句子。

5. 感伤怀念童年

A. 过去的日子如轻烟，被微风吹散了；如薄雾，被冬阳蒸融了我的童年还留

着些什么痕迹呢？只是一些渐渐远去，淡淡的，朦胧的记忆罢了，我多么想留下这些温暖的记忆，让它在我的生命中永远珍藏，我在心里默默地念着……齐读最后两个自然段

B.你感受到了作者怎样的情绪？从字里行间品出了什么味道？

板书：淡淡的忧伤　　深深的怀念

C.那人，那事，那情，那境，已随时光远去。此时的林海音已是一位42岁的中年女性了，在老北京城南生活了25年的她离开那里已12年了，隔着海峡，她曾多少次梦回城南。拓展阅读：林海音的《苦念北平》选段。

D.推荐阅读小说《城南旧事》，观看《城南旧事》电影

板书设计

冬阳·童年·骆驼队

淡淡的忧伤

深深的怀念

教学反思

1.“有什么”与“教什么”的问题。

一直以来，我们的语文教学在面对文本时一直关注的是文本中“有什么”，而对于究竟在课堂教学中“教什么”却少于思考。一方面，我们要对文本进行细读，关注言语内容；另一方面，我们要针对文本、学生等多方因素，对解读的内容进行取舍。本文的教学定位（见设计意图）在再三的思考，斟酌，取舍中最终明晰。面对不同的文本，我们的教学定位直接反映着自己的教育主张，课程意识。

2.“教什么”与“怎么教”的问题。

在解决了“教什么”的抉择后，怎么教？我有两种选择:A.“引领学生循着作者的情感走”。B.“旁观式的冷静分析探究”。面对这样一篇情思温婉，语言细腻的文章，显然，后者是不适合的。其次，作为学生的认知心理来考量，前者无疑是更恰当的。

3.“教学设计”与“课堂生成”的关系。

"没有课堂检验的设计是苍白的设计，没有科学设计的教学是盲目的教学。"
——我如是以为。一方面，我们用设计来建构课堂；一方面，我们又用课堂来考量设计。在课堂实施过程中，设计固然重要，但教师一定要根据生情，学情，对设计做出最及时最恰当的调整。不在课堂中醒来，就会在设计中死去。

《清平乐·村居》教学设计

温涛

写在前面

1.在"可解"与"不可解"中寻求"和解"

诗是不可解的——朱光潜

诗是可解的——朱自清

诗是不可解的，但诗又是不得不解的，这就是我们所面临的两难境地，抑或说是一种教学策略上的悖论。诗被卷入课程，既是她的幸运，更是她的不幸。语文教师的责任就是用自己的智慧和才情保护"诗"的存在，使她免于被拆解，被蒸发。
——王崧舟

作为一名语文教师，一方面，我们要对"诗是不可解的"这一命题做艰难守望和维护，保护"诗"作为一种完形的存在，保护"诗"这个极易被糟践和摧残的小生命，让诗凭着自己的言语存在说话，让学生直接贴在诗的面颊上感受她的诗意。保护诗的最佳策略就是诵读；一方面，我们又不得不在教学评价未实现革命性的转型之前，屈服于仍然流行着的古诗词学习效果的检测方式和标准的淫威下。于是乎，对于诗，我们还是不得不解。如何解？解到什么程度？我亦很忐忑。生怕一不小心伤了她！在古诗词教学中，在《清平乐·村居》中，我试图尝试在"可解"与"不可解"中寻求一条"和解"之道。

2.在"顺应"与"背叛"中定位教学

用好课程教材，贯彻课程标准精神。是一位语文教师应坚守的道义和责任。善待文本，把握方向，明确目标，这是我们该顺应的；本文是人教五年级下册以童年为专题的单元，这样的主题，在人教版教材中并不少见。如，一年级下册"我们的生活多么快乐"是让儿童感受生活的甜蜜和幸福，知道幸福的生活来之不易。三年级上册"多彩的儿童生活"表现了童年生活的丰富多彩，三年级下册"儿童生活"则在体现童年快乐生活的同时，也展示了生活中的一些烦恼以及对一些问题的思考。四年级上册"成长的故事"引导学生思考成长中的问题，学习如何立志，如何自立，如何与别人相处。本组"永远的童年"，描述了一个个独特而珍贵的童年感受，使我们认识到：要珍视这些感受，留住童年，保持童真。面对本词，如仍将教学定位在"感受童真，童趣，怀想童年"这一主题上，未免有"井底蛙"之嫌。并非有意对此文本内涵刻意拔高。我想把《清平乐·村居》这一文本置于整个稼轩文化语境中，置于古代文人士大夫忧国忧民，悲天悯人这一情怀中，读一课与读一人，读一醉与读一种文化，在不断穿插中有机整合。在某种意义上说，我"背叛"了教材，背叛了编者。

教学目标

1.知识目标：学习生字新词，理解"相媚好、无赖、卧剥"。

2.能力目标：有感情地朗读并背诵课文，感悟田园生活的意境。

3.情感目标：激发学生对田园生活的喜爱，对大自然的赞美之情，感受作者的情怀。

教学重点

在多层次阅读过程中体会词境，感受乡村生活的安宁美好。

教学难点

理解"相媚好"，感悟"醉"的意境。能想象词所描绘的情景。

教学时间

一课时。

教学过程

看众生"醉"态

导课：出示

醉卧沙场君莫笑，古人征战几人回。　王翰　《凉州词》

但使主人能醉客，不知何处是他乡。　李白　《客中行》

今朝有酒今朝醉，明日愁来明日忧。　罗隐　《自遣》

1.自由读一读上面诗句，细心发现，这些诗句有一处相似的地方，找出来。

2.引入"醉"字，指导书写。

3.《凉州词》中，王翰为将士壮行而醉;《客中行》里，李白为朋友知心而醉;《自遣》诗中，罗隐为落榜失意而醉。提到"醉"这个字眼，大家脑海中就会出现"酩酊大醉""烂醉如泥"等形象，给人的印象并不美好。今天我们要学习的一首词，也跟这个"醉"字有关系。读完此词，这个"醉"字是否会在我们心里多一些其他的感受。

4.板题:《清平乐·村居》读题，入翁媪"醉"境。

一、通其文

正字音，读通全词。

二、品其韵

比较朗读，读出古诗词的节奏和韵味。

三、入其境

1.边读边想象，你的眼前出现了哪些画面?

2."卧"的解读。

3.板书：安居乐业。

4.谁醉了？翁媪二人会谈些什么？谈一谈，写下来。

5.他们为何而醉？

6.带着这些画面，再动情诵读，品稼轩"醉"意。

四、融其情

1.孩子们，视线拉回来，醉的仅仅是翁媪二人吗？还有谁？

2.知道辛弃疾为什么会因这村居而醉吗？

3.互文印证，读透词心。引入稼轩词《破阵子·为陈同甫赋壮词以寄之》。

4.教师范读，配乐诵读。

5.你品出了什么味道？读出了什么感觉？

辛弃疾一生戎马，少年时即起义抗金，目睹了边关战乱，人们背井离乡，民不聊生的颠沛流离的生活。老年时，归隐田园，见到这村居中恬淡闲适，平安祥和的生活场景，心生感慨而作。

6.同学们，此时此刻，再来端详这个"醉"字，你会有怎样的感受？

7.忆着作者的经历，体会着作者忧国忧民的情怀，带着作者渴望家国平定，人民幸福的美好憧憬，再动情诵读全词。

板书设计：

清平乐·村居　　　通其文

醉　　　　　　　　品其韵

安居乐业　　　　　入其境

　　　　　　　　　融其情

《长相思》教学设计

温涛

教材简析

1.全词共36字（不含词牌与标点），上，下阙各18字。

2.上阙为实写，下阙为虚写。

3.上阙叙事，叙扈从之事；下阙抒情，抒思乡之情。

4.故园为全词之眼，相思为全词之魂。

生情、学情简析

此词为学生已学之文，已识生字，会读文，知词义，初知情。

设计意图

词作为古诗文中经典的文学体裁，学生已初知其体裁格式和学法，况且，此文学生已学过，预断学生已能读通全词，初知词义，初感词情。本课再教学，拟从检查已学为引，以引生入境为法，通过"入情入境，感同身受"的诵读，通过"引读抒情，听读想象"的手段，让学生更为深入地进入词作的意境，与作者产生强烈的情感共鸣，把古诗词的学习推向深入。

教学目标

1. 入情入境地诵读全文。

2. 深入品味作者的情感思绪。

3. 学会一点将古诗文读出韵味的朗读方法。

4. 初步感知"故园"这一文化意象。

教学过程

一、课前交流，情感铺垫

1. 谈乡愁。

2. 背诵《泊船瓜洲》《秋思》。

二、初知学情，探知生情

1. 个别读全词。

三、动情诵读，还原词境

1. 读出古诗文的节奏。

2. 读出古诗文的韵味。

A. 以题目为例，读出韵味，读出相思之感。

B. 个别读全词，引导。

C. 齐读。

D. 词读到这，你脑海中留下什么印象和感觉？

E. 带着这种感情再读。

3. 以问为引，还原意境。

A. 作者的身在那里？

B. 作者的心在何方？

C. 你有何发现？

D. 带情再读。

4. 展开想象，读出词情。

A. 师配乐朗读，生闭目想象。

B. 在纳兰性德的心目中，故园又该是怎样的？

C. 听音乐，想象故园之景。

D. 汇报。

E. 引读。

F. 齐读。

四、词情升华，全课小结

军旅途中的劳顿，建功立业的理想，思念家乡的孤独与寂寞交织在一起，化为了纳兰性德的《长相思》。

"自然语文"范式教学之《自然之道》教学设计

乔婷婷

教学目标

1. 认识本课 7 个生字，会写 14 个生字，重点指导"啄"，引导学生抓住生字的关键笔画把字写美观。

2. 理解本课的词语，学习结合语境选择生字在字典中的正确解释，能结合关键字更加准确地把握词语的意思。

3. 正确流利地朗读课文，能够按照抓住文章的主要人物与事件的方法把握课文的主要内容。

4. 抓住关键词体会人物的思想感情，体会关键词表情达意的作用。

5.体会文章表达的思想感情，从中受到做事要了解和遵循自然规律的教育。

教学过程

预

1.根据拼音正确规范地写出本课生字。

máo	tān	lán	xū	chè	zhuó	fǎn	chǔn	yú	zhēn	yòu

cháo	qǐ	ōu								

2.用字典查出下列词语带点字的意思。

踌躇不前　　　　　　　　　　　若无其事

鱼贯而出　　　　　　　　　　　愚不可及

3.读读课文，想想讲了一件什么事？完成填空。

课文讲的是（　　　　）和（　　　　）看见（　　　　）啄（　　　　），于是劝（　　　　）救下了（　　　　），却没想到＿＿＿＿＿＿＿＿＿＿＿＿＿＿＿＿＿

4.画出文中描写向导动作、神态的语句，并摘抄下来，读一读。

＿＿＿＿＿＿＿＿＿＿＿＿＿＿＿＿＿＿＿＿＿＿＿＿＿＿＿＿＿＿＿＿＿＿

＿＿＿＿＿＿＿＿＿＿＿＿＿＿＿＿＿＿＿＿＿＿＿＿＿＿＿＿＿＿＿＿＿＿

第一课时

导入

1.师：同学们，大自然气象万千，美丽无比；充满生机，也充满神秘。今天，我们一起走进大自然，来学习一个真实而又引人深思的故事——《自然之道》（板书）

2.齐读课题，思考提问：你认为这里的"道"是什么意思？

检：

1. 认读下列词语。

嘲鸫　　　　　海鸥　　　　　鲣鸟

<u>企图</u>　　　　　巢穴　　　　　<u>颓丧</u>　　　　　加拉巴哥岛

欲出又止　　　无遮无拦　　　气喘吁吁　　　响彻云霄

<u>踌躇不前</u>　　　<u>若无其事</u>　　　<u>鱼贯而出</u>　　　<u>愚不可及</u>

2. 理解画线词语的意思。

学法：换词理解；

结合语言环境理解；

抓住关键字理解词语。

3. 指导书写。

幼龟　　　沙滩　　　啄　　　愚蠢

阅

第一课时

导入

1. 师：同学们，大自然气象万千，美丽无比；充满生机，也充满神秘。今天，我们一起走进大自然，来学习一个真实而又引人深思的故事——《自然之道》(板书)

2. 齐读课题，思考提问：你认为这里的"道"是什么意思？

整体感知

1. 请默读课文，思考：课文都写了哪些人物、动物，他们之间发生了什么事？把不明白的地方做做标记。

2. 课文都写了哪些人物、动物？（师提示板关系图）

3. 它们之间发生了什么事？试着按事情发展的先后顺序完整地说一说。

4. 小结：像这样，先找出课文都写了谁，弄清楚他们之间发生的事，再按照事情发展的先后顺序，用几句简单的话就能把文章的主要内容说明白！这是说清楚主要内容的一个好方法。

感受小海龟的处境

1.师：故事的起因是我们看见嘲鸫在啄一只幼龟，现在我们就跟随作者一起去看看，到底是怎样的情景牵动着我和同伴的心，自由读读3.4自然段，划出相关的句子。

2.指名读，说说自己的感受。指导读出小海龟危险的处境。

3.看到此情此景，我们和导游的反应一样吗？画出相关的词语。

4.看看这些词语，都是描写什么的？

透过这些人物神态的词语，就可以知道人物内心的想法，那此时我和同伴，以及向导的心里都在想些什么呢？

写

试着完成下面的填空。

我和同伴们紧张地看着眼前的一幕，心里想（　　　　　　），其中一位焦急地对向导说："你得想想办法啊！"向导听了，想（　　　　　　），便若无其事地答道："叼就叼去吧，自然之道，就是这样的。"向导的冷淡，招来了同伴们一片"不能见死不救"的呼喊。向导又想（　　　　　　），于是极不情愿地抱起那只小龟，朝大海走去。那只嘲鸫眼见到手的美食丢掉，只好颓丧地飞走了。

拓

森林里，灰太狼历尽千辛万苦，终于捉住了懒羊羊。红太狼盯着灰太狼手中的羊，一脸（　　　　）的微笑，（　　　　　　）地对灰太狼说："＿＿＿＿＿＿＿＿＿＿＿＿＿＿＿＿＿＿＿＿＿＿"红太狼又蹲下身子，搂着小灰灰（　　　　　）地说："＿＿＿＿＿＿＿＿＿＿＿＿＿＿＿＿＿＿＿＿＿"说完，红太狼又慢慢地踱着步子来到懒羊羊面前，（　　　　　）地说："＿＿＿＿＿＿＿＿＿＿＿＿＿＿＿＿＿＿＿＿＿"

不料，聪明的喜羊羊救出了懒羊羊。望着懒羊羊渐渐消失的身影，红太狼一脸（　　　　　），（　　　　　）地说："＿＿＿＿＿＿＿＿＿＿＿＿＿＿＿＿＿＿＿＿＿＿"边说边拿起了平底锅。"砰……"灰太狼摸摸鼓起大包的头，（　　　）地说："＿＿＿＿＿＿＿＿＿＿＿＿＿＿＿＿＿＿＿＿＿"

小结：透过人物的内心想法我们也知道了人物所要表达的情感，这些关键的词语就给了我们很好的提示。齐读第 4 段，让我们一起走进人物的内心。

第二课时

1.师：我们这样做的结果又是怎样的呢？请同学们默读 5~8 自然段，究竟看到了怎么样的情景，让大家极为震惊？划出相关语句。

2.交流。

3.看到这样的情景，能用一个词说说你此时的感受吗？带着你的感受读读这些句子。

4.是啊，多么悲惨的一幕啊，这一幕原本是不该发生的，可现在，确实是这样，所以作者说：我们干了一件愚不可及的蠢事。

去掉"愚不可及"读一读，有什么不同，从"愚不可及"读出了什么？

5.导游的话，把"悲叹"换成"感叹"读一读，体会导游内心的悲痛。

写

假如你是后悔莫及的向导，

假如你是葬身食肉鸟之腹的一只小海龟，

假如你是一只吃得饱饱的食肉鸟，

假如你是亲身经历这件蠢事的作者的同伴，

你想说些什么呢？请你选择其中一个角色，把你想说的话写下来。

主题升华：理解"自然之道"。

拓

一个小孩在草地上发现了一个蛹，便把蛹带回了家。过了几天，蛹裂开了一条缝，里面的蝴蝶挣扎了几个小时也没出来。小孩看了于心不忍，用剪刀把蛹剪开，帮助蝴蝶蜕蛹而出。可出来的蝴蝶身躯臃肿，翅膀干扁，根本飞不起来。不久就死了。

美国阿拉斯加天然动物园的管理者，为了帮助鹿而捕杀鹿的天敌狼，没有了狼，鹿不必躲避狼的追击而奔跑，有疾病的鹿也存活下来，疾病不断传播。而由于没有狼的追逐，鹿减少了运动量，它们的身体素质明显下降，之后导致鹿群一批批地死亡。最后又引进一批狼，鹿群才又恢复昔日的矫健。

读一读，说说你还知道人们违反哪些自然之道的例子。

测

1. 听写本课的生字。

2. 积累本课的四字词语。

3. 读读第12课的第一个小故事《"打扫"森林》，完成阅读题。

"打扫"森林

从前，德国有个林务官，刚上任，就下了一道命令：把森林"打扫"干净。

护林工人只好照着他的命令去做，把灌木统统砍光，把杂草统统除尽，连地上的枯枝烂叶也不放过。森林面貌顿时改观了：林子里又宽敞又洁净，连一根杂草也没有。林务官看着，心里美滋滋的。

不想森林却从此遭了殃（yāng）。几年过去了，橡树和菩提树的叶子越来越少，光秃秃的像一把把扫（sào）帚（zhǒu），有些树木甚至干枯了。

这究竟是怎么回事呢？原来是林务官异想天开的命令给森林带来了灾难。

原来，大自然中的一切事物都是互相联系的。这样，才能保持大自然的生态平衡。枯枝败叶，看起来是脏东西，其实，它们腐（fǔ）烂之后，变成了腐殖质，能增强土壤（rǎng）的肥力。它们还是一些小动物的食物和隐蔽场所。矮树丛也是许多动物栖息的地方。森林里的灌木丛和野草多了，昆虫、鸟类、兽类也就多了。许多动物以植物为食，像甲虫和毛毛虫吃树叶、嫩枝，而鸟儿在矮树丛里营巢，捕食森林里的害虫。

林务官把灌木丛砍了，把野草锄了，鸟儿飞走了，森林里的害虫就逞（chěng）凶啦。它们大量繁殖，成群地向树木进攻，吃树叶，咬树根，钻树心。没有天敌制服害虫，树林就渐渐给毁了。

1.课文讲的是（　　　　）命令（　　　　　）________________，结果________

的故事。

2.课题中的"打扫"为什么加了引号？护林工人是怎样"打扫"森林的？

____

3.文中的哪一句点出了中心？

____

4.你想对文中的林务官说什么？

____

第四章　自然语文教学的基本要素

第一节　自然语文的阅读教学要素

《义务教育语文课程标准（2011 年版）》要求"培养学生探究性阅读和创造性阅读的能力"，智慧的语文课堂应该让学生在阅读中加深理解和体验，有所感悟和思考，受到情感熏陶，获得思想启迪，享受审美乐趣，从而实现"有创意的阅读"。自然语文的教学观认为，自然语文教学的阅读过程是一个有生命的过程，如果说理解性阅读是给生命提供养料的话，那么阅读的感悟则是对生命高度的提升。悟，是在整体把握文章的理解、评价、读写结合的拓展、思想认识的同构等因素的基础上，通过分析、比较、综合、联想等思维活动，发现新问题、开拓新思路、产生新认识。在阅读教学实践中，我们教师应该巧辟蹊径，指导学生通过读中"悟"、"悟"中读，引导学生提升阅读质量，领略生命之巅的秀丽风光。"读、悟、练"是自然语文阅读教学的三个基本要素。

一、自然语文教学第一要素：读

读，是学生搜索处理信息、认识世界、发展思维、获得审美体验的重要途径，是一种内潜性的观念活动，一种自主学习、合作学习、自我提高的过程。韩军先生说的好："文字本是肉做的""有体温，有生命，有动感。传达文字生命动感，须诵读。""扯开嗓子，忘我吟唱，摇头晃脑，或婉转，或铿锵，美读吟诵。""千百年学语文从未离开过此，包括背诵"。"这是学语文的根本之法！"我以为语文教学要"以读为本"，要坚守读的阵地，通过读的指导来培养学生的语文素养。但很长时间以来"人声鼎沸"的读书场面在学生中很难看到，"密咏恬吟"的读书方式更不多见。

自然语文教学的读，是饱含"情意"的读。情感是文章的灵魂。刘勰在《文心雕龙》中说："夫缀文者情动而辞发，观文者披文以人情。"创新的阅读课堂远离了"情感"只能是"一潭死水"。在创新的阅读课上，一个好的教师应善于以自己的情感调动起学生的情感，使师生的情感与文章蕴含的情感相吻合，当喜则喜，该怒则怒，师生一道激动、平静、愉快、悲哀、得意、紧张、悠闲，让阅读"情意"浓浓，充满着和谐、合作的氛围。饱含"情意"的读，体现的是"智慧"。在语文教学中，教师应该引导学生读中变、读中悟、读中创，读写结合。教师的指导体现不出"情意"的"创意"，教学就不可能新颖、与众不同，阅读就不可能彰见出"教者的个性"，更不可能成为"艺术"。在语文课上，教师应给学生的思维留有足够空间，让他们自己去读、去悟，去以大观小、由小窥大，进而掌握"文章"精髓，领略"文章"的美妙。

读，要"传情达意"。"传情达意"的读要求学生融入作品，驰骋想象，与作者产生共鸣。通过欣赏，获得审美享受、感情陶冶、精神净化。新课标明确指出"阅读教学的重点是培养学生具有感受、理解、欣赏、评价的能力。"而这种"感受、理解、欣赏、评价的能力"只有通过深入的传情达意的阅读体验才能获得。即在理解的基础上，对课文中优美的形象、深刻的意蕴、丰富的情感以及用词造句的色彩、语言节奏的强弱、情调和风格特色等进行欣赏。因此，在教学中应该积极引导学生传情达意的深读课文，沉浸其中，透过语言文字，与作者进行心灵对话，把握文章主旨，感悟做人之道；同时抓住典型语言信息（如内容精彩之处，语言运用经典之处），领悟语言文字表情达意之精妙，并积累语言。或低声读，细吟慢读，领会所读作品的内容，在低诵中细细揣摩作者传情达意的文字技巧和表现方法；或高声读，通过高声诵读传达出作品的内在情感和蕴意；或模仿角色读，即在阅读人物对话的课文时，引导学生模仿文中人物的角色，揣摩各种人物的语气、语调、心态和神情，使自己进入角色，高声、反复朗诵台词，找到身临其境的感觉。语文课本里的每一篇文章都伴随着作者深厚的感情，在教学中，应该利用课文中的感情因素，通过传情达意的读来激起学生情感的共鸣，从而领悟文章中心，深刻体会到作者的心灵深处，并且使学生在情感的感染中受到真善美的熏陶，使他们的语感得以培养，心灵得以美化，情操得以陶冶。传情达意的读，是要指导学生做到字字不含糊，停顿、重读和语调的把握有分寸，这样传情达意的读，读起来才会抑扬顿挫分明，就能"在主动积极的思维和情感活动中，加深理解和体验，有所感悟和思考，受到情感熏陶，获得思想启迪，享受审美乐趣"。

自然语文教学应该以情感激发情感，以情趣激发情趣，引导学生用真实的生命去拥抱课文，让心灵与课文亲密无间！培养阅读的兴趣，应该形式多样，方法灵活。我们应该积极倡导实践活动，拓宽语文学习的渠道，突出语文学习的实践性、应用性，激发学生学习语文的兴趣，促使儿童在学习语文时口、耳、手、脑并用，不断提高学生的语文实践能力。一是指根据课文的特点精心设计系列活动、让学生在轻松活泼的活动中学习课文，即实现现代文阅读教学活动化。如探究活动、评点、活动、改编活动等。二是指在教学中，教师为全体学生创设多种多样的学习活动。或动口，或动手，或动脑；或实践，或模仿；或个体活动，或小组活动，或师生共同活动；或观察，或辩论，或创新……让学生在多种多样的语文阅读教学活动中培养情趣，习得知识，训练能力，开发潜能。通过教学过程中空间的拓展，使学生的头脑不再是储存知识的容器，而是被点燃的火把，闪出智慧的光芒和个性的亮点。

阅读需要理解，理解是阅读的基础，通过理解性阅读使学生汲取读物中的知识营养，"积学以储宝"。阅读是披文得意的心智技能。学生的阅读主要以积累与理解为主。理解是阅读的核心，也是复杂的智力活动，必须在一定阶段的积累性阅读的基础上进行。欧阳修诗云："学既积于心，犹木之敷荣。根本既坚好，翕郁其干茎。"（《赠学者》）"敷荣"就是开花。这首诗以树木的开花结实为喻，道出了读书做学问要靠长期积累的道理。理解的阅读就像根所吸收的水分养料，通过"主茎"或"树干"，才能送到分枝、杈丫，使之长叶、开花、结果。理解性阅读指"以弄懂作品词语、句子、篇章、写作方法、思想内容、社会价值为目的的阅读"（《阅读辞典》）。

一篇文章，要读通、读顺、读懂、理解字词句的意思，理解语言表达的技巧，理解布局谋篇的妙处，这是阅读的第一步。

理解的阅读首先要整体把握文本，在通读的基础上感知文章写了什么，思路怎样，初步了解文本的内容和表达。然后体味和推敲重要语句在语言环境中的意义和作用，深入领会作者表达的观点和情感。还要把各部分的理解进行综合分析，结合作者的思想、时代，联系自己的体验、经历，达到与作者心灵的沟通。理解性阅读教学，既要尊重学生"读"的个性化行为，珍视学生的独特感受；又要坚持教师的"导"，避免"独白篡位"，纠正"读误"，补充"读漏"。理解是一个过程。清代的法式善诗云："读书如树木，不可求骤长。植诸空山中，日来而月往"（《读书四首》）。是说读书像培植树木，不可揠苗助长，急于求成；只有置于"空山"的广阔环境中，经过"日来月往"才能长成参天大树。

读书需要体验。有体验的读，就是指导学生在阅读时能感受体验到阅读过程带来的愉悦和乐趣，通过观察语言现象，思考语言文字的内涵，咀嚼语言文字的"滋味"，体验语言文字的情感。语文教学的学习活动不仅着眼于如何取得良好的学习效果，而且注重使学习者能够在学习过程中得到有效的体验，积累有益的经验，实现经验的再创造。有体验的读，就是引向自"悟"，发展个性；就是摈弃烦琐的分析，注重整体感悟。如教学《火烧云》中的一段："天空的云从西边一直烧到东边，红彤彤的，好像是天空着了火"。我引导学生注意阅读的体验，指导学生与文本进行对话：哪一个字用得好？为什么？有的认为"红"字用得特别好，有的认为是"火"字，有的认为是"烧"字。学生间展开了激烈的争议，我引导学生反复朗读这句话，最后大家一致认为是"烧"字。接着学生大胆发表了各自的意见："烧"字让我们感觉颜色特别美；"烧"字让我们看出火烧云在变化；"烧"字让我们有天空的云从西到东移动的感觉……这种自悟自得的阅读体验，增强了学生的自主精神和创造精神，有利于发展学生的个性。使学生在阅读时依托语言文字的形象，加入自我的经验认识和想象，形成活生生的形象，从而体验到文章蕴含的人类文化的精华、人文价值以获取美好的感受。

综上所述，语文教学要"以读为本"，应该坚守住读。只有通过读才能推敲、揣摩、品味语言，体会作者遣词造句的准确、生动，感受祖国语言的无穷魅力。

二、自然语文阅读教学第二要素：悟

（一）入题时引导悟

自然语文阅读课入题时，自然语文教师应用满面春风的语态，带有浓郁情味的话语，饱含激情的语气来引发学生的情感潜势，产生一种情感共鸣的语境，使学生为之所感，为之所悟，让他们自己去读、去悟，去以大观小、由小窥大，从而转化为良好的学习动机，获得理想的教育效果，进而掌握"文章"精髓，领略"文章"的美妙。

1. 设疑入手。在阅读教学导入时应教会学生质疑，在质疑中不断拓宽思维。如教学《草船借箭》一文时，引导学生根据课文质疑：谁草船借箭？他为什么要借箭？怎么借？结果又怎样？学生通过看、听、读、思、议，学得积极主动，不但理解了课文内容，而且提出不同见解，展开激烈讨论，思维异常活跃。这样引导学生围绕题目进行悟，可以放飞学生想象的翅膀，打破学生的思维定式。如教学《咏柳》这首诗时，先引导学生有序地观察插图，展开想象：诗人为我们描绘了一幅怎样的画面？面对这样的景色，你想到了什么？学生由柳树联想到春天来了，人们趁着这美好的春光乘着马车到郊外尽情地游玩……在教学中不断激活学生的想象，无疑是为培养学生创新能力插上腾飞的翅膀。

2. 情景入手。就是在开课时"导入"过程中创设情境，营造成一种"未成曲调先有情"的氛围，以调动学生的阅读兴趣。采用情境教学法，充分利用现代教育手段，千方百计地激起学生的学习兴趣。如在讲授《威尼斯的小艇》一文时，运用录像或多媒体电脑展现威尼斯这座水上城市特有的迷人风光，运用音乐、图片、动画、影视等手段强化感知，提供多样化的外部刺激，启发他们想象威尼斯人和小艇的密切联系。学生的思路激活了，他们说工人们乘着小艇去上班，邮递员划着小艇穿街走巷去送信送报……这样的"情景导入"让学生充分体验参与的快乐、思维的兴趣、创造的愉悦。

3.质疑课题。所谓质疑课题，就是让学生从研读课题入手进行悟，从题目中知其内蕴、窥其文义，得其意趣。如教《田忌赛马》这课时，让学生读题后质疑：田忌跟谁赛马？是怎样赛马的？结果怎样？然后带着这些问题，深读课文，学生可以自然地理出文章的脉络。

（二）导读时点拨悟

自然语文导读时点拨悟，就是要抓住教材的特点引导学生展开"对话"，在教学中建立起平等的、和谐的师生关系，充分尊重学生的人格、情感，把学生当作"知识源"，把课堂构建成一个美好的精神家园，营造开放性的课堂教学环境，师生相互质疑，通过多角度、多侧面的立体探究，促进学生思维，不断产生共鸣，从而发展学生智力，教会学生思考和探究，培养学生的创新精神与创新能力。

1.由小处悟到大处。所谓由小处悟到大处，就是指导学生在读书的基础上，通过教师的指点，围绕重点展开讨论和交流，鼓励学生发表独立见解。使教材成为"读进"和"悟出"的桥梁。比如《大瀑布的葬礼》一文用对比的手法具体地描述了巴拉那河上塞特凯思达大瀑布的景象，关于瀑布的描写是全文的重点。为突破这一重点，可以创设一个旅游情景，引导学生在熟读课文的基础上，由小处悟到大处，进行研读感悟，体验大瀑布。（1）假设20年后的今天，我们这个旅游团又来参观塞特凯思达大瀑布，会看到什么景象？如果你是旅游团的一员，你会向导游提出什么样的问题？如果你就是那位导游，你会面对游客做出怎样的解释？（2）假设20年后的今天，在我们这个旅游团里，就有"巴西总统"，此时此刻，你这个"巴西总统"会有何感慨？你将会发表什么样演讲？

新课程标准在教学建议中提出：阅读"应该让学生在主动积极的思维和情感活动中，加深理解和体验，有所感悟和思考"。这样的设计，指导学生在课文中"潇洒地走一回"。能激活学生的积极性和创造性，使其成为知识的发现者和研究者。"水尝无华，相荡乃成涟漪；石本无火，相击而发灵光"。学生就从小处探究到大处，学生的多角度求答，海阔天空，拓展了学生的思路，活跃了学生的思维。

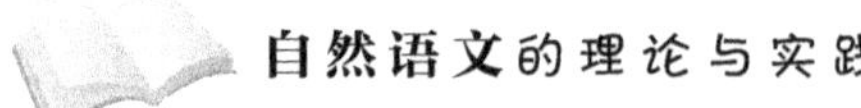

2. 由正面悟到反面。所谓从正面悟到反面，就是启发学生用逆向思维来感悟课文的空白之处的意思，以激起学生的"头脑风暴"。悟得巧妙，有的能够刺激学生对课文信息重组的兴趣；有的能够引发丰富的联想；有的能够引导学生做多向的推理；有的能够挑起不同意见的争辩；有的能够鼓励学生有创意的发现……如在教学《我的战友邱少云》时，指导学生理解"纹丝不动"词语之后，进一步启发学生用逆向思维的方法来悟邱少云"纹丝不动"中所蕴含的"动"：同学们，邱少云此时此刻，身体是纹丝不动的，请想一想，邱少云的什么在动呢？学生思考片刻，很快说出邱少云的牙在动，眼在动，手在动，脑在动……我又进一步引导：请说一说邱少云是怎样动的？这一"悟"的环节，引导学生由正面悟到反面，由纹丝不动悟到了惊天地、泣鬼神的动。这样的悟，让学生从邱少云的"动"中创造性地理解他的"纹丝不动"，从有字读出无字，从而读出无字的书来。学生都能从课文中捕捉相关的信息，然后加进自己的生活经验和感受。这样悟的教学片断，充满了感性，调动了学生的生活积累，调动了学生的直觉、感受、想象、情感，使学生在感性化的学习中领悟课文，完善人格，关注生命方式，得到和谐的发展。

3. 由静态悟到动态。文章的思想感情渗透在字里行间之中，让学生真正理解，系统领悟，真正感受出其真、其妙、其美是我们的教学目的。悟，并不仅仅是静态的思维，在教学中教师要引导学生联想和想象，激发学生的求知欲，鼓励学生在文字中求形象，在静态中求动态，珍惜每位学生独到的见解和富有个性的发现。如在教学《赤壁之战》一课，讲到黄盖火攻曹营这一计策的巧妙周密时，在学生充分阅读课文后创设情境检查学生对课文的理解情况，让学生扮演黄盖，教师扮演黄盖的部下，在火攻曹营的路上，"部下"有意地向"黄盖"请教一些"问题"。由于学生是黄盖这一重要角色，自然不愿被"部下"问住，便相互补充，争相回答问题，从而完全弄懂了这个计策的周密之处。这样的悟，由静态悟到动态，创造了和谐、民主、宽松、平等的课堂气氛，使学生思维活跃、敏于发现，创新的见解、独到的思绪也就在悟的探究活动中潺潺而出了。

4. 由实处悟到虚处。自然语文教学重在提高学生实践运用语言文字的能力。教师若能在阅读教学中把读与写有机结合起来，学生还能获得很好的锻炼机会。如在教《神笔马良》这课时，提出研读专题：马良用神笔帮助穷人做了哪些好事？假如你有一支神笔，你会用它画什么？把你的想法写下来。学生在实际练习中这样写道：假如我有一支神笔，会画出许许多多双明亮的眼睛，送给盲童，让他们看到五彩缤纷的世界；假如我有一支神笔，我会画出各种各样的书，献给希望工程，让希望工程把这些书捐给失学儿童，让他们重新获得读书的快乐；假如我有一支神笔，我会描绘美丽的地球姥姥，让她的脸不再那么脏、那么黑了，让她穿上公主般的衣服，让和蔼可亲的地球姥姥回到她年轻时候的美丽。我仿佛看到地球姥姥笑了，笑得多么甜呀……这一句句、一段段血肉丰满的语言跃然纸上，令人爱不释手。引导学生由实处悟到虚处，就是注重实践，超越自我。这样的感悟虽然是让学生写下来，但学生必须在研读文本、感悟内涵的基础上加以探究，发挥想象。当学生有了充分的空间展示自我时，就会不断地超越自己原有的认知水平和想象能力，就会形成积极的创造精神，促进自身的悟感、想象、思维的发展，这样我们的语文教学也就真正做到了人文性和工具性的交融。

5. 由现在悟到过去。"读中感悟"是师生平等合作、教学相长的过程，这其中既包含学生读中感悟的主体活动，也包含教师读中指、引、诱、辅，领其悟的主导活动。我们只要深入钻研教材，语言文字中闪现的语感火花一点也不贫乏。在教学中教师要精心设计不同形式、不同层次的读，在读中整体感知，在读中有所感悟，在读中受到情感的熏陶。如教学《一夜的工作》时，有教师这样设问：这样高大的宫殿式建筑，以前可能住的是什么人？过去会有什么陈设呢？在学生发散思维之后，根据这些问题引导学生阅读下文，并认真理解：十分简单。从而形成对比，这样的悟，可以使学生尽快地感悟到周总理人格的高尚。由现在悟到过去，有标度、有力度，达到了理解语言，引发思维的目的。

6. 由远处悟到近处。语文课本有些历史题材课文的内容，离我们的生活现实比较遥远，在导读中可以引导学生由远处悟到近处，从而产生情感的共鸣，加深对课文的理解。比如《我的战友邱少云》一文中有这样一段话："我不敢朝他那儿看，不忍眼巴巴地看着我的战友被活活地烧死。但是我忍不住不看，我盼望出现什么奇迹——火突然间熄灭。我的心像刀绞一般，泪水迷糊了我的眼睛。"一个特级教师在教学中就设计了"如果你在战斗现场……你的心情怎样"这一个"悟"的环节

师：请同学们反复诵读这段文字，想象一下，如果你在战斗现场，亲眼看见战友邱少云在烈火中活活忍受煎熬，你的心情怎样？

生：我的心如刀绞一般。

师：请细细体味这一"绞"字，会是一种怎样的感觉？

生：痛。

生：刀刺进胸膛，再来回搅和几下的那种戳心的、无法忍受的痛。

师：有刀吗？文中指什么像刀绞一般"绞"我的心？

生：眼睁睁地看着与自己生死与共的战友活活地被火烧而不能救他，这种心情如刀绞一般"绞"我的心。

生：看到战友烈火烧身，想象到他一定痛苦得如"刀绞一般"，所以我的心里也如"刀绞一般"。

生：我既无法忍受战友被大火活活折磨着，又担心战斗会受影响，这矛盾的心情如刀绞一般折磨着我。

生：我有一种说不出的难过，我好想哭，我的心碎了，这样的战友不能死……

师：是的，这样伟大的战友不能死，他怎会离我们而去？他将永远活在我们的心中。让我们来练习读这一小节，读出感情来。

在这个"悟"的教学环节中，教师先让学生在创设的教学情境中反复诵读课文，然后从"绞"字入手感悟，由过去悟到现在，由远处悟到近处，让学生谈自己的感受。学生在联系生活经验和知识基础对"绞"做了感性化的理解后，又在教师的引导下，结合课文内容，逐步感受"我的心像刀绞一般"，体味这生离死别、刻骨铭心的人间真情。最后学生的感情已完全沉浸于课文之中了。所以，当教师要求学生读出感情的时候，有的学生流下了眼泪，这是真情的流露。

7. 由有限悟到无限。鲜活的思维是悟的核心。所谓由有限悟到无限，就是引发

学生的发散思维，自觉地让学生尝试用不同的方法和思路去解决同类型的问题，培养思维的灵活性。在教学操作中，教师在引导悟时，要注重发挥学科的思维功能，应十分注重鼓励学生的逆向思维、求异思维、发散思维、聚合思维、直觉思维、想象思维的并用，并力求求异求新。如上《林海》一课，在直接进入课题时问学生：本文我们到底学"林"还是学"海"？大部分的学生一时没了主意，可少数学生马上意会到因为大兴安岭的林很多，像海一样，故称林海，因而，今天要学的应该是"林"。至此，我又紧追着问：日常我们还把什么比作海？"云海、人海、花海、草海、麦海、歌声的海洋、笑声的海洋、欢乐的海洋。"这样的悟，创新思维的种子一下子发散，由有限悟到无限，既训练了语言文字，也培养了学生的创新思维能力。

8.由空白处悟到生活处。有些课文，留有一定的艺术空白，这就为创造"悟"提供了有利的契机，我们就可以抓住这些艺术空白，引导学生驰骋想象，创造"悟"的广阔空间。在教学时，我们可以根据学生的兴趣、已有知识水平和可接受能力，鼓励学生展开大胆而又合理的想象，对空白予以补充。《小英雄雨来》记叙了这样的情境：雨来被鬼子拉走后，人们听到几声枪响，以为雨来再也回不来了。可是，过了一段时间，他却从水中冒了出来。雨来是怎么脱险的？课文只做了简单的交代：雨来趁鬼子不防备，一头扎进河里游到远处去了。在课堂上，可以引导学生联系自己的生活体验，张开悟的翅膀：鬼子为什么会"不防备"？是怎样"不防备"的？雨来跳水后是怎样躲过敌人射击的？他又是怎样避开敌人搜索的？引导学生把这些情节、细节设想出来，写一个精彩片段。小学生有的描述了雨来的心理活动，有的再现了当时的场景。这样的悟，既可使雨来机智勇敢的形象更为丰满，又能有效地活跃思维，提高创造想象的能力。

（三）结尾时升华悟

自然语文阅读课的结尾，教师的教不只是把结论告诉学生，而是要引导学生升华感悟，探究结论，帮助学生在升华悟的过程中学到方法，找出规律。要充分重视学生学习的主动性、探究性、创新性的培养。给学生多点拨、多直观、多启发、多鼓励；让学生多思考、多动手、多动口。教师应少废话、少替代、少包揽、少埋怨，引导学生创新学习，鼓励他们的批判精神，允许他们标新立异。

1. 升华情感创新悟。如教完《詹天佑》课文最后一节时，可以设计请学生"从课文里找依据，给'京张铁路'重新起名字"这样一个教学环节。有人说这是中国第一条铁路，故起名为"中国第一路"；有人说詹天佑设计的"人字形"达到了当时国际一流水平，故起名为"创新路"；有人为纪念詹天佑，故起名"天佑路"；有人因这条路为中国人民争了一口气，故起名"争气路"；有人说京张铁路修筑之成功，是因为詹天佑爱国，故起名"爱国路"；有人根据这是中国人设计修筑的第一条铁路的事实，起名为"中国路"；有人说这条铁路充分体现了中国人民的智慧与力量，故起名"智慧路"。各种各样，不一而足。这一教学环节，使学生既加深了对课文主题的认识，升华了学生的思想境界，又进一步锻炼了学生的探究能力，发展了学生思维，培养了学生的创新精神。

2. 引导想象发散悟。想象发散"感悟"的目的在与引导学生进行创造性思维，"感悟"的特点不是单向的，而是多向的；不是死板的，而是灵活的；不是固定的，而是变化的。在教学中我们应以问题作为发散点，在文章的领域里去探索更大的空间，从而获取新的知识，培养思维能力。使教材成为"读进"和"悟出"的桥梁。例如在教学《凡卡》的结尾之处，寄出"没贴邮票的信"之后，把无尽的思索和回味留给了读者，可在此引导同学探究"感悟"：凡卡后来的生活可能会怎样呢？学生通过独立思考而多方求答，结论更是多姿多彩：有的说他疯了，住进了疯人院；有人说继续在店里当学徒，遭受更加悲惨的生活；有的说爷爷把凡卡带回到乡下，又送给了另一家学徒店；有的说凡卡被迫离店出走……

3. 联系全文总结悟。一个特级教师上《威尼斯的小艇》一课，文章学到结尾一段，学生突然提问：既然课题是"威尼斯的小艇"，结尾为什么要写威尼斯的夜景？王老师因势利导：让我们自由地读课文最后一段，想一想原因。通过读感悟，很快学生便明白了"威尼斯离不开小艇，正是这小艇才组成了威尼斯这神奇迷人的夜景"。老师接着又要求学生用上"因为——所以——"或"只有——才——"说说理由，学生说得兴趣盎然。无疑，这样的教学引导，是真正在帮助、指导学生自己克服困难，获得知识和能力，而教师娴熟的教育机智，也充分展示了教师的灵活引导给语文课堂带来的生机与活力。

4. 一言心得抒情悟。就是在文章的结尾或课堂的结尾选择恰当的触发点，激发学生从各个角度求答的创造性热情，通过联想、补充、借意发挥，以求掌握作品的广度和深度。如在《丰碑》一文的教学结尾处，可以设计这样的教学环节：请你结合自己的感受，给军需处长写一条碑文，来赞美他的高尚品质。学生们跃跃欲试，写得多姿多彩："舍己为人红军魂，精神丰碑育后人"；"全心全意为人民，军需处长永远活在我的心"；"立此丰碑留军魂，处长精神泣鬼神"……这样的"感悟"，就把教学引入了一个柳暗花明的新境界，学生的"感悟"对话，各种各样，不一而足。这一教学环节，将教学再次推向高潮，既加深了学生对课文主题的认识，升华了学生的思想境界，又进一步锻炼了学生的探究能力，发展了学生思维，培养了学生的创新精神。

三、自然语文阅读教学第三要素：练

（一）课堂结构

自然语文课堂教学使课堂由"线形结构"转化为"板块结构"，避免了碎问碎答导致的认识肤浅与紊乱。通常的教学，学生难以把握教师的提问目的，也难以把握不同提问之间的关联，难以拥有充足的思考问题时间。在缺乏整体感、节奏感的情况下，"线形结构"的课堂导致学生认识单一难以自控，思维紊乱认识肤浅。自然语文课堂教学的课堂结构为：设疑自探，课前自练—解疑合探，质疑再探—课中实练，拓展运用—课外活练，自育自学。

1. 设疑自探，课前自练。教师将备课过程中准备好的预习作业提前一至两天提供给学生以便于学生预习准备。作业应简明扼要地出示学习目标；提出自学要求，进行学前指导；提出思考题，规定自学内容；确定自学时间；完成题目。课堂上，教师要把表演舞台让给学生，并创设课堂情境，使学生充分展示自我；新的课堂下，教师根据学情将班级分组，教师的关注点也由原来的学生个体转变为学习小

组；课堂上，教师认真验收学生学习报告，并鼓励学生大胆质疑，充分调动学生主观能动性。

2. 解疑合探，质疑再探。即在课堂上围绕教学目标，创设问题情景，设置具体问题导学，大胆放手让学生自学自探。学生自探前，教师一般要适当进行方法的提示、信心的鼓励和时间的要求。自探中，要让每一位学生都能感到教师对自己的热切关注和期望（通过巡视的方式关注学困生，通过赞许的目光关注提前完成任务的优等生），无论关注的形式怎样变，有一个底线不能变，那就是不能打断或干扰学生独立学习的思路。自然语文课堂下的解疑合探是指通过师生或生生互动的方式检查自探情况，共同解决自探难以解决的问题。换句话说，即通过合探的形式共同解决设疑自探中的"疑"。"合探"的形式包括三种：一是提问与评价。在小组中，学困生回答，中等生补充或中、优等生评价。让学生学会表达、学会倾听、学会思辨、学会评价主要在这一环节培养和体现。另外，评价还包括对评价的评价，评价最好能用有关资料来论证自己的观点，对原来答错的学生，要让其倾听后找出错因，更新回答。二是讨论。学生在小组学习活动中，先把导学案的问题进行交流。组长组织组员分成 A、B 两个小组，让每个组员都发表自己的见解，然后讨论出问题的最佳答案。交流的过程是学生思想发生碰撞的过程，学生对同一个问题有意见分歧时，应该展开激烈的讨论，最终得出大家共同认可的答案。经过思想的碰撞，学生对问题就理解得更加透彻了。组长还应该关注组内的学困生，让学习对子帮助学困生解决疑难问题，实现共同进步。通过检查，如果学困生做对了，说明这个问题全班都解决了，教师就不需要在此着力，而应直接转入下一个问题的检查，以免浪费时间。如果中等生也难以解决，则需要讨论，教师在"自探"中巡视发现的虽属个性，但带有普遍指导意义、学生易混易错的问题也要讨论。讨论要建立在学生充分"自探"的基础上进行，难度小的问题同桌讨论，难度大的问题小组讨论，小组讨论要定主持人，定先后发言的顺序，同时要注意好、中、差不同水平学生的相互搭配和成员的相对稳定。三是指导。如果通过讨论仍解决不了问题，教师则应予以讲解性指导，指导的原则是"三讲三不讲"："三讲"即讲学生自学和讨论后还不理解的问题，讲知识缺陷和易混易错的问题，讲学生质疑后其他学生仍解决不了的问题；"三不讲"即学生不探究不讲，学生会的不讲，学生讲之前不讲。

3．课中实练，拓展运用。课中实练具体有以下三个环节

（1）展示提升环节——各小组根据组内讨论情况，对本组的学习任务进行讲解、分析。展示、交流预习模块的学习成果，进行知识的迁移运用和对感悟进行提炼提升。需要说明的是，在展示过程中，其他同学可以补充、质疑，形成总结性意见。教师应充分尊重学生的认知方式，让学生在"做中学"，拓展、挖掘、思考、感悟，激发其自主性、主动性和创造性。教师的讲是服务于学的讲，是启发、是诱导、是梳理思路，而不是告知结论式的教导。

（2）穿插巩固环节——各小组结合别组展示情况，对本组未能展现的学习任务进行巩固练习。

（3）达标测评环节——对预设的学习目标进行回归性的检测，教师以试卷、纸条的形式检查学生对学习任务的掌握情况。在这一环节中，运用拓展，是指师生围绕学习目标，针对本节所学知识，分别编拟基础性和拓展性问题，让学生训练运用。在此基础上，予以反思和归纳。此环节操作的办法是：教师首先编拟一些基础性习题，重点考查学生对基础知识的运用情况。这是本节教学任务的"底线"，即学习目标应达到的基本要求。检查反馈的原则是学困生展示，中等生评价，如果发现错误，还要让学困生本人说出错误的原因并纠正。基础性习题解决之后，教师再出示带有拓展性质的习题。此时检查反馈的原则是中等生展示，中、优等生评价，如果发现错误，还要让答错者本人说出错误的原因并纠正。

自主学习、展示汇报这前两个板块是自然语文课堂的核心。操作程序是：

教师明确目标—学生自学—小组交流讨论—分组展示和汇报—强化训练。

4．课外活练，自育自学。自然语文课堂下的这一环节，是由教师引导学生对所学知识联系生活经验加以应用，举一反三，创新实践。学科不同，实践创新的内容不同。"语文"的人生启迪，思想感悟；"英语"的语言运用；"数学、物理、化学"的解决生产、生活中的实际问题等。这一板块为学生运用所学知识解决实际问题或

运用所学知识创新拓展提供了机会。教师在成绩优秀、中等、较差的学生中，选择有代表性的学生，讲述自己的学习过程和收获，使其所获得的知识信息得到及时强化。注意突出"弱势群体"，让他们说、谈、演、写。通过"兵教兵""兵强兵"，让每个学生总结自己学习的主要收获。反思归纳是对本节所学内容的梳理，是对学习过程中解决某个重要问题的感悟，是对整个探究过程的回放和体会。具体操作是学生先说教师后评。容易出现的误区：不给学生反思的时间和多数学生表达的机会，反思归纳都是教师"一言堂"。

（二）练的策略

自然语文课堂把新课改的三维目标加以实化，即实现从知识到兴趣、再到能力、智慧的飞跃。立足于使学生"学会、会学、乐学、创学"，把"自主、合作、探究"以行动阐述，在课堂环节上表现为"自学、展示、反馈"，在学习方式上转化为"独学、对学、群学"。自然语文课堂的练习绝不是脱离生活实际的纯技术训练，而是应生活之需、切生活之用，为真情而学习，为兴趣而学习，为交际而学习，为实用而学习的能力训练。自然语文课堂积极引导学生训练有我之情、有我之思、有我之心，让学生在"做中学"，拓展、挖掘、思考、感悟，激发其自主性、主动性和创造性。自然语文课堂的课堂始终要动静结合，动中寓静，静中含动，动静相宜，引导学生的学习要与经历、经验和生活发生联系，最终形成彻悟，把知识和技能内化为智慧。

在自然语文阅读的实践中培养和提高学生的阅读能力，要靠大量的系统的阅读技能的训练。但非常遗憾的是，以往的阅读教学的练习不仅没有帮助孩子进一步体会、领略课文的语言美、内容美、意境美，反而损害了文章内在的灵动和学生在阅读时的个人体验。一篇完整的美文，在教师的讲解下，演变成许多问题、一些生词、语句、段落和篇章。孩子们每人手上都有一本与教材配套的练习册。在这本练习册里，一篇课文就是从词语到句子、分段训练的习题。孩子们学完一课、一个单元都要做一些这样的题来检验学习效果。究竟应当训练哪些项目，这些项目应当怎样安排组织，才合乎循序渐进的道理，可以收到最好的效果？如何将阅读技能的训练集约化？我们可否把这些分项训练概括为"培养语感""读解段落""理清思路""鉴赏文学""指点读法"？自然语文教师如何根据教学心理学的原理，有效地设计练习呢？因此，我们很有必要探究一下练的策略。

1.练的取向策略。自然语文教学的练习应该是和谐共生，相互交融，让阅读的过程成为训练的有益载体，让训练加深学生对文本的理解和感悟。练习是提高学生语文能力必不可少的途径，是语文教学过程中一个非常重要的环节。教师应构建开放而充满活力的语文练习，使学生在练习中获得乐趣，提高能力，发展自己。愚以为，新世纪的阅读教学练习取向应该有四大策略：即读中练说、读后练写、读中练思、读中练情。

（1）读中练说。所谓读中练说，就是让学生在语文实践中学会思考感悟，把课本语文内化转化成自己的语言。如我在教第七册《丰碑》这课结束时，让学生理解练说：如何给军需处长写一个碑文来纪念他？学生带着这个问题，从阅读实践中不仅找到了问题的答案，而且对文中的人物进行评价……这样让学生从研读入手，从此句中知其内蕴、窥其文义，得其意趣。学生不仅对作品中的人物进行分析、揣摩，体察他们的境遇，还说出许多个性化的感悟，探究的活力充盈着整个课堂。

（2）读中练写。在指导学生练习时，形式要灵活多样，这样才能引起学生浓厚的练习兴趣，才能有的放矢地引导学生由易到难、由浅入深地一步步练好想。具体地说，读中练写，应该依据课文内容设计，从以下四方面进行。①根据课文内容进行补写。如《两个铁球同时着地》这篇文章，对实验前人们是怎样议论的，文章写出来了，但实验后人们又是怎样议论的，文章则省略没写。学完课文后，可让学生以《实验之后》为题写一写人们是怎样议论的。②根据课文结尾续写。如学完《凡卡》后，可让学生写《凡卡醒来之后》等。也可以根据标点符号续写，如《卢沟桥的狮子》一文第二自然段最后一个省略号，可以让学生抓住这个省略号进行续写。③扩写文中简要概括的内容。如《草原》一文结尾仅概括地写了小伙子套马等几个场面，可以让学生抓住这几个场面去扩写内容。④进行文体或人称的改写。如学了《金色的草地》一文，让学生以《我是一棵蒲公英》为题进行改写，这样，就能把心理活动等想象出来。

（3）读中练思。所谓读中练思，就是引导学生在阅读中思考理解课文的内容。小学生在阅读中，由于生活经验的不足和知识能力的限制，会产生一些理解上的错误。如课文《燕子》以燕子从南方飞来为主要内容，描绘了它的外形、飞行和停歇时的特点，全文不到四百字，语言凝练素净，意境飘逸隽永，是惜春、爱春、颂春的精品之作。文中有这样一句话："几只燕子飞倦了……多么像五线谱啊！停着的燕子成了音符，谱出一支正待演奏的春天的歌。"正待演奏的曲谱是什么意思呢，有的同学理解为是燕子看着曲谱在唱歌吗？我在教学中出示五线谱，让学生对照插图，仔细观察，在读中观察，理解这句话的意思：燕子停在电线杆上休息的样子就像在看五线谱。使学生感受到文章运用比喻的生动、贴切和作者想象力的丰富。这样的读中练思，由浅入深，由易到难，教师成为学生的指导者、点拨者：点在难点处，导在疑点处，解在错误处，使学生豁然开朗，学生真正成了课堂的主人，主体地位也得到了真正落实。

（4）读中练情。就是指导小学生理解文章中包孕的情感。如指导阅读课文《燕子》时，可通过朗读、感悟来体会这美妙的春天，感受燕子的活泼机灵，在不知不觉中使学生入情、入境，让学生产生愉快的蓬勃向上的情趣。读课文，学生反反简单复述课文内容的回答是无济于事的，必须展示自己理解、感受的过程。如："青的草，绿的叶，各种色彩鲜艳的花都像赶集似的聚拢来，形成了光彩夺目的春天。"这句话中的"赶集"这一词在五六十年代时经常使用，表示到集市上买卖货物，可如今"赶集"含有大伙儿一块儿去交流物资的意思。先让学生理解这句长句子的意思，"草、叶、花像人们赶集似的聚拢来"说明了什么呢？再让学生看图朗读、领会"花、草、木"都争先恐后地来迎接春天，说明树木繁茂，花草茂盛，给春光带来了无限的热闹和生机。通过看图、朗读、意会，真切地感受到"赶集"这一词的匠心独运。又如理解这句话学生有难度——"伶俐可爱的小燕子从南方赶来了，加入这百花争艳的盛会，为春光增添了许多生趣。"为什么这么美的春光中，加入小燕子，就显得更美了呢？可引导学生仔细地看一看图，美美地读一读课文，学生就能体会到烂漫春景是一种静态美，而加入了小燕子后给人一种动态美。在这美与生命的聚会中，展现了小燕子搏击长空上下求索，追赶春风、珍惜春光、为春争光的伶俐劲儿。读中练情，让学生的情感与作者的情感融为一体，就能更真切地感受到春天的生机和活力。

2.练的技术策略。自然语文阅读课的练习，是构成新的认知结构的过程练习。练习设计应考虑认知结构形成过程的每一个环节，要引导学生主动参与，积极探究，让其在理解的同时，在思维能力、情感态度与价值观等多方面得到进步和发展。

（1）练习指向的层次性。"学生是学习的主体"，所以阅读练习的设计不仅要根据教材的特点、教学目标，更应根据学生的认知活动的渐进性来设计有层次的练习，即遵循由易到难、由简到繁、由基本到变式、由低级到高级的发展顺序去设计层次练习。练习突出层次性，能不断激发学生学习的积极性，使新知识很和谐地镶嵌在学生已有知识结构之中，形成新的认知结构，逐步提高学生的思维能力，发展学生的智力，且使各类不同学习水平的学生都得到发展。

①练习量的分层。在教学实际当中，小学语文练习设计存在着以下突出问题：一是无视学生个体差异，练习设计集体划一，无层次性；二是作业设计类型单一，书面作业"一统天下"；三是忽视学生身心健康，大量机械重复作业占据学生有限的课余时间，学习效率低下。在一个教学群体中，学生个体在学习能力、智力水平等方面发展的不平衡性，是一个不容忽视的存在。因此，教学目标的达成必然存在着先后快慢之分。练习时应区别对待，因人而异，分步落实。如背诵课文时，对记忆力强、理解能力突出的优生，可要求其当堂或当天背诵，而对记忆力一般，理解能力较差的中差生，可适当放宽要求，在两三天内或周内背诵。

②练习难度的分层。学生遗传素质、知识基础、认知能力的个体差异；认识过程由浅入深的规律，是我们进行一切教学工作的基础，因此分层次、有梯度是练习设计必须遵循的首要原则。应面向全体，根据不同层次的学生将达标练习分层设计：基本练习，全体完成确保教学任务全面完成。发展性练习，由中差生选择完成，为他们提供赶上来的机会，提高练习由优生努力完成，以解决优生"吃不饱"的问题。例如，教学《鱼游到了纸上》一文时，学习"赏心悦目"一词的基本练习是结合上

下文理解词义，发展性练习是结合课文内容，用"赏心悦目"说一句完整、通顺的话。提高练习是结合生活实际，用"赏心悦目"造句。

③练习选择的自主。学生彼此有不同的学习优势，也有不尽相同的兴趣。因此，教师应有意识地设计多样化的作业类型，让学生根据自身的兴趣、爱好选择适合自己的作业。例如，我在班级设计了课前一分钟演讲的练习：我让学生在课前预先准备一个简短的发言，可以是生活小常识、科技小百科，也可以是自己的所见所闻。学生根据自己的兴趣和爱好来选择喜欢的内容。他们利用课外时间，从报纸、电视、广播、书籍等媒体上搜集信息，并把信息剪下来、记下来，或是录下来带到课堂，当将快乐和知识一起带给大家时，看得出他们是那样的幸福与满足，他们的特长在此也得到了发挥与展示。

（2）练习形式的多样性。《语文课程标准》指出：人文性和工具性的统一是语文课程的基本特点。阅读教学的练习，必须根据学生身心发展和语文学习的特点，关注学生的个体差异和不同的学习需求，爱护学生的好奇心、求知欲，充分激发学生的主动意识和进取精神，因此，我们设计练习应该形式多样，可以动口，可以动手，也可以既动口又动手，力求练习多元化。力争让每个学生在适合自己的练习中都取得成功，获得轻松、愉快、满足的心理体验。

①综合型练习。新课标中提到："综合性的语文学习有利于学生在感兴趣的自主活动中全面提高语文素养，是培养学生主动探究、团结合作、勇于创新的重要途径。""语文是母语教育课程，学习资源和实践机会无处不在，无时不有。因而，应该让学生更多地直接接触语文材料，在大量的语文实践中掌握运用语文的规律。"综合型作业能强化学生对语言文字的理解、感受，加深对所学知识的理解，还能在学科整合中发挥特长。如"十一"、"五一"长假期间，我给学生设计了这样的综合性练习

作为一个在汉阴生活多年的市民，哪能不了解这些呢？请你利用长假的时间，在老字号商店、小街小巷、家乡土特产、名胜传说等方面中选择一个作为假日研究主题，动用一切你可以动用的手段与力量，尽可能搜集多的资料，然后精心整理，

把它们制作成一份独特而又精美的专题作业。专题作业的形式不限，可以是海报、宣传小册子、小小手抄报等，只要是最能反映你真实水平，体现你个性的就行。

这样的综合性练习，内容来源于生活，取之不尽。只要教师做个有心人，就一定能发现更多的新选题，新素材。综合性练习作业的时间很灵活，可以是一天，也可以是一个星期，一个月不等。完成的方式也是多样的，学生可以独立完成，也可以发扬团队合作精神；学生可以上街采访，获取直观的第一手资料，可以翻阅书籍，汲取前人的智慧，也可以利用网络在 Internet 上尽情冲浪。最后完成的专题作业，可以是手工版的，也可以是打印版的，还可以是电脑版的、电子版的……如此一来，语文练习再也不是静止的，它呈现出的是一种积极的、生动的状态。

②积累型练习。小学语文课程标准强调小学语文教学要指导学生正确地理解和运用祖国语文，丰富语言的积累，全面提高学生的语文素养。教学实践也告诉我们，学生语文素养的提高，很重要的方面就是要重视语言的积累。在教学《威尼斯的小艇》时，最后让同学查找一些资料，更好地了解威尼斯。课后学生了解到很多有关威尼斯的知识：如威尼斯是意大利的一座重要城市，也是世界著名的游览胜地。威尼斯这个城市建筑在 118 个岛上，有"水城""百岛城""桥城"之称……这些资料对学生学习课文后知识的内化大有益处，查找学习资料这种习惯的养成对学生一生的学习都是有好处的。另外，问题训练也是对学生进行元认识训练的一种形式。以这样的形式指导学生积累知识，有利于培养学生思维的批判性。

③创新型练习。创造性练习不仅是知识的迁移，更应是知识的升华。这里所提的创造性练习是指阅读训练中对阅读教材的一种创造性的理解把握，即训练学生对阅读对象进行审视、评价，或据此为联想、想象的依据，重新塑造，形成新的、属于学生自己的艺术形象。如学习杜甫的《绝句》，要求学生做练习（括号内为参考答案）。找出诗中所写景物。（黄鹂、翠柳、白鹭、飞翔、青天、山岭、河流、小船。）给这些景物添上色彩。（嫩黄、翠绿、洁白、青蓝）给这些景物添上动感。（翠柳摇曳、白鹭飞翔、清江泛波、小船摇动）给这幅画添上人物（可以是自己，也可以是诗人），使人、景、情都鲜活、丰润起来。找出诗句中对偶句中相对的词语。（两个对一行、

黄鹂对白鹭、鸣对上、翠柳对青天、窗对门、西对东、千秋雪对万里船）这个练习层次感强，让学生一步步走近画面，看活画面，最终融进画面。其间想象逐渐具体、丰满，把自己带进一个清新美妙的艺术境界中。

④探究型练习。探究是最能体现人的本性和人的力量的心智活动。《小学语文课程标准》积极倡导自主、合作、探究的学习方式。因此，教师在教学的各个环节都要鼓励学生主动探究，挖掘学生的创造潜能，让学生在学习的过程中获得成功的体验。如课文《落花生》文中都爸爸的一段话，是课文的难点和重点。学生容易产生一种理解的错觉：落花生好，石榴、苹果不好。我教学《落花生》时，设计了这样的探究环节：谦虚是人生的一种美德，就像落花生那样埋在地下默默无闻；自我展示也是一种美德，可以更好地推荐自己，就像苹果石榴那样挂在枝头招人喜爱。这两种观念颇有争议，你的看法又如何呢？引导学生带着这样的问题去阅读全文，虽不能一下子把文章的深意理解，却可以诱发学生的积极思维，提高他们的学习兴趣。在指导学生熟读课文、充分理解的基础上，我又引导学生探究讨论：你认为是应该学习落花生默默无闻埋在地下呢？还是应该学习石榴、苹果挂在枝头？而后组织学生按自己的意愿分成两大组。先说自己的长处（让学生代表石榴、苹果自我展示），再说对方的短处（让学生代表石榴、苹果展开辩论）。我最后总结认识：做人，有时候要谦虚，因为谦虚是人生的一种美德，就像落花生那样埋在地下默默无闻；有时候要自我展示，自我展示也是一种美德，可以更好地推荐自己，就像苹果石榴那样挂在枝头招人喜爱。设计这样的探究式练习，使学生敢于打破常规，从反方向进行思考，从而得到了很好的逆向思维训练，增强了学生思维的独创性。而且通过鼓励学生大胆质疑，勇于发现问题，培养了学生的质疑精神。这样的探究，本身就是一种富有创意的发现过程，既需要每位学生的独立思考，也需要同学、师生之间的合作攻关。使学生在阅读探究的过程中，通过交流来达到互助互补、互激互促，逐渐形成共识，或达到成果共享。

（3）练习评价的多元性。"为了每一个学生的发展"，是新课程标准的核心评价理念。这一评价理念的确立，是对语文教学评价理念的一大突破。这一理念所追求的不是给学生一个等级和分数与他人比较，而是了解学生的发展需求，重视被评价的差异，关注学生在学习过程中的进步和变化，及时地给予评价和反馈，帮助学生认识自我，强调通过反馈促进学生的改进，使学生在原有的基础上的提高。因此，正确的做法应该是：评价不是分出等级的筛子，而是促进学生习作能力发展的泵。阅读的发展性评价，既是一种教育理念，又是一种教学方法，我们应该融入每一个教学环节之中，使之成为一种美妙的作文教学的工具。

①多元的评价方式。新课程的语文练习的评价足多元的，教师要把评价权交给学生，交给家长，让他们都参与进来。评价时要尽可能地发现学生作业过程中的可取因素，从能力、情感等角度给予学生多方面的评价，要坚持正面鼓励的原则。要打破单一的分数、等级评价方式，形式要活泼多样。如短语评价、图标符号评价、动作评价、表情评价、语言评价等。还可以通过展览、汇报、交流等方式来检查、评估作业。"教者有心，学者得益。"为学生烹调出一道道丰盛的语文练习大餐，最大限度地拓展学生的学习空间，丰富学生的课余生活，发展学生的独特个性，让学生快乐地学语文，享受语文的快乐。

②多元的评价内容。语文课程的评价要求我们注意综合性和整体性，学生的自我反思和小结、教师和同学的评价、家长的反馈都可以作为评价的一部分。我们要注意突出语文课程评价的整体性和综合性，要从知识、能力、过程与方法、情感态度与价值观几方面对学生的作业进行综合评价。

③多样化的评价标准。教学评价标准的科学与否在很大程度上决定了整个评价结果精确与否。以前往往把学生的作业置于一个共同的标准或常模下。新课程的教学不仅重视评价标准的统一问题，而且也重视学生的个体差异在评价标准上的反映。注意运用多层次的评价标准来衡量不同的学生，使评价标准在具有统一性的基础上表现出一定的弹性，从而给学生以个性化的发展空间。阅读教学的内容、形式、要求都必须具有多样性，阅读练习评价的标准也应当多元化。"多一把衡量的尺子，就会多出一批好学生"，多一些表扬，就会多出一些习作天才；多一些激励，就会多出一些作文能手。

④多层面评价的对象。以前的作文往往只注重练习结果的评价。新课程阅读教学的评价不仅对练习活动的结果进行评价，更重要的是对练习活动的过程做出评价。既要对练习结果的性质做出评价，更要对学生参与练习体验的程度给予评价，重视学生在与他人沟通过程中情感的变化。评价不仅仅是在练习结束之后，而是在应该练习过程之中，练习开始之际就渗透评价。比如练习前观察的态度和方法的掌握，搜集材料和研究材料的态度和习惯，练习时的态度和速度，练习过程中的情趣养成和扩展，等等，都应该是我们评价的内容，都应该纳入我们教学评价的过程。

⑤多层面的评价主体。以前常常是教师作为评价的唯一主体，将练习活动的主动参与者——学生排除在评价主体之外。在新课程的练习评价中，评价主体既包括教师，也包括学生，要做到教师评价、学生自评和师生互评相结合，但三者既相互联系也各有侧重。师评重在关注学生参与体验教学的程度和体验感受方面，学生自评重在个人意义和自我实现愿望的获得，师生互评重在体验教学中互沟通的民主性。总之，评价不应拘于一种形式，它应因人而异，因时而异，因课而异，因发生的情况而异，教师应全身心投入，技巧性、艺术性地评价学生，使学生犹如坐春风、沐春雨，在一次次的惊喜中，全身心投入学习，积极主动地参与课堂教学活动，使教学达到令人难以忘怀的艺术境界，形成一个个教学的高潮。

综上所述，在小学自然语文教学中，读是悟的基础，悟是读的深入，练是读和悟的融会贯通，是语言积累和运用的水乳交融，是技能的形成过程。自然语文的阅读教学中应做到以人为本，"训练"中包容"感悟体验"；以读为本，"感悟体验"中体现"训练"。

第二节　自然语文的绿色评价要素

自然语文课堂是基于生命发展、基于唤醒智慧、基于培养合格公民的课堂。与"自然语文课堂"对立的是"知识课堂""应试课堂"。所谓"知识课堂""应试课堂"，主要特质在于，其教学的最高目的是以对"课本知识"的单向习得为中心，教师是课堂的垄断者，课本是毋庸置疑的"权威"，而学生的学习方式则是以知识被动接受死记硬背和纸笔机械训练考试为主。

自然语文课堂应该是学生得到智慧的课堂，是教师智慧成长的课堂；是学生智慧地学，教师智慧地教，师生在其中教学相长的课堂；是体现生命的张扬，充分反映学习活动中的生成性，师生智慧在生成中得到成长的课堂。自然语文课堂应该立足于学生的认知能力、生活经验与情感体验，以培养学生数学化的创造性思维能力为目标，通过创设生动的数学情境、精心预设教学活动、机智应对课堂生成，帮助学生在对话、交流、思辨的过程中，在自主探究的数学活动中寻求问题解决策略，充分发挥学生个体智慧与学习群体力量，以知识学习为途径，以智慧为核心，以能力为目标，以机智为表现形式，使学生在知识与能力、过程与方法、情感与态度等方面各有所长。

自然语文课堂追求教学的真质量，追求课堂的真效益。它应该包括学生完善的人格成长、差异的知识建构和创新的智慧发展。在教学目标的达成上，要重视"层次性"和"生成性"；在教学资源的遴选上，要重视"针对性"和"发展性"；在教学策略的运用上，要注重"合作性"和"开放性"。教师在设计教学程序时，要尽可能地处理好传授知识和培养能力的关系，要注重培养学生的独立性和自主性；在组织学生学习时，要努力处理好自己的角色地位，重视引导学生质疑、调查和探究，让学生在实践中学习，在教师的指导下主动地、富有个性地学习。因此，考察课堂教学时，我们应该从以下几方面入手：一是在教学目标的预设上，是否体现"知识和技能、过程与方法、情感态度与价值观"的整体要求；二是在教学程序的设计和运行过程中，是否在"整合各种教育资源，促进学生积极参与和主动探究"

在自然语文课堂中，教师是充满教育智慧的。课堂是智慧的课堂，管理是智慧的管理；以教师的智慧激发学生的智慧潜能，不只关注学生的知识、技能、分数，更关注学生生命的智慧。它的教育宗旨在于引导学生应用自己的智慧，协助学生发展自己的智慧，指导学生应用自己的智慧，培养学生创造自己的智慧。其最重要的价值

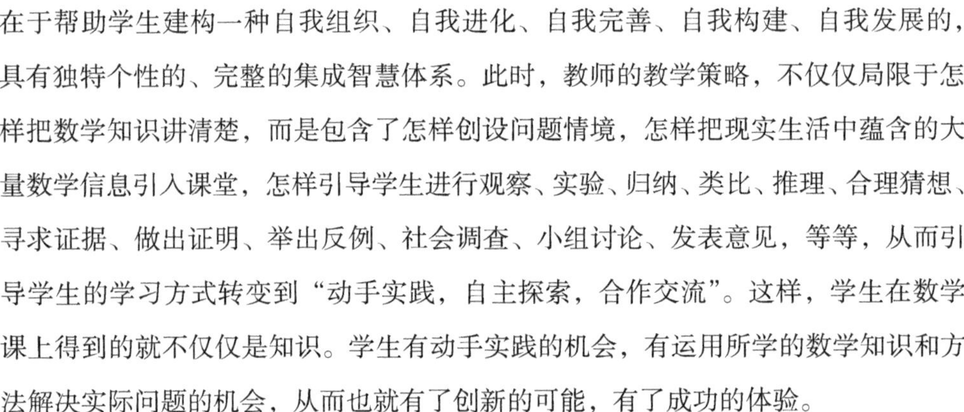

在于帮助学生建构一种自我组织、自我进化、自我完善、自我构建、自我发展的，具有独特个性的、完整的集成智慧体系。此时，教师的教学策略，不仅仅局限于怎样把数学知识讲清楚，而是包含了怎样创设问题情境，怎样把现实生活中蕴含的大量数学信息引入课堂，怎样引导学生进行观察、实验、归纳、类比、推理、合理猜想、寻求证据、做出证明、举出反例、社会调查、小组讨论、发表意见，等等，从而引导学生的学习方式转变到"动手实践，自主探索，合作交流"。这样，学生在数学课上得到的就不仅仅是知识。学生有动手实践的机会，有运用所学的数学知识和方法解决实际问题的机会，从而也就有了创新的可能，有了成功的体验。

当前推进中小学教育质量综合评价改革十分重要和紧迫。党的十八大强调，把立德树人作为教育的根本任务，全面实施素质教育，深化教育领域综合改革。教育规划纲要提出，改革教育质量评价制度。同时，基本实现教育现代化，必须建立与之相适应的现代教育质量评价体系。转变政府职能、改进宏观管理，也必须强化评价工作，发挥评价的引导作用。

长期以来，由于教育内外部多方面的原因，单纯以学生学业考试成绩和学校升学率评价中小学教育质量的倾向没有得到根本扭转，导致了重分数轻素质、重知识传授轻全面育人、学生学业负担过重等突出问题，严重影响了学生的全面发展、健康成长，制约了学生社会责任感、创新精神和实践能力的培养。同时，许多发达国家和国际组织把改革教育质量评价作为诊断教育问题、完善教育政策、改进教育教学的重要举措，收到了良好效果。因此，我们很有必要借鉴国际经验，建立一套符合中国国情、能够解决我国实际问题的中小学教育质量评价体系。

自然语文课堂绿色评价的指导思想，就是要贯彻党的教育方针，落实立德树人根本任务，遵循学生身心发展规律和教育教学规律，促进素质教育深入实施。

自然语文课堂绿色评价强化导向就是要坚持育人为本，通过综合考查学生发展情况评价学校教育质量，扭转当前普遍存在的单纯以学生学业考试成绩和学校升学率评价中小学教育质量的倾向，引导全社会树立科学的教育质量观，推动形成良好的育人环境。

促进发展就是要充分发挥评价的引导、诊断、改进、激励等功能，重视学校进步和努力程度，改变过于强调甄别和简单分等定级的做法，促进学校在已有基础上不断提升教育教学质量，努力办出特色。

自然语文课堂绿色评价中关于评价内容的部分，我们组织专家进行了反复研究，借鉴了 PISA 和上海绿色指标的做法，将学生发展状况作为评价教育质量的内容，即直接看培养对象本身。教育质量最终要体现在学生的发展上，力求体现育人为本的思想，转变教育质量观和评价观。同时，提高教育质量离不开相应的条件，教师队伍、教育投入、设施设备、教育教学管理等是影响质量的重要因素，

自然语文课堂绿色评价的总体目标是：基本建立体现素质教育要求、以学生发展为核心、科学多元的中小学教育质量评价制度，切实扭转单纯以学生学业考试成绩和学校升学率评价中小学教育质量的倾向，促进学生全面发展、健康成长。体现素质教育要求，就是要全面贯彻党的教育方针，扭转评学生看分数，评学校看升学率的倾向，促进学生德智体全面发展。以学生发展为核心，就是要坚持育人为本，把学生的发展作为学校一切工作的出发点和落脚点，评学校看质量，评质量看学生。科学多元，就是要遵循教育教学规律、学生身心发展规律和人才成长规律，还要符合评价规范，由单一评价变为综合评价。

自然语文课堂绿色评价力图把党的教育方针的要求细化和具体化，同时针对当前教育存在的突出问题和薄弱环节，重在综合考查学生发展状况，既关注学生的学业水平，又关注品德发展和身心健康；既关注共同基础，又关注兴趣特长；既关注学习结果，又关注学习过程和学习效益。

其中品德发展水平、学业发展水平、身心发展水平，是针对学生德智体全面发展提出的。品德发展水平包括行为习惯、公民素养、人格品质、理想信念 4 个关键性指标，由低到高、循序渐进。学业发展水平包括知识技能、学科思想方法、实践能力、创新意识 4 个关键性指标，不是简单强调考试分数，而是在重视"基础知识""基本技能"的同时，更加关注学生终身发展和应对未来挑战所需能力和素养。身心发展水平的指标最多，包括身体形态机能、健康生活方式、审美修养、人际沟通、情绪行为调控，不仅重视孩子们要有良好的身体素质，而且要有良好的心理素质，还要提升他们的审美情趣和艺术修养。

兴趣特长养成，是在关注统一要求、全面发展的同时，针对促进学生个性发展提出的。包括好奇心求知欲、爱好特长、潜能发展 3 个关键性指标，主要目的是尊重学生个体差异，因材施教，使学生生动活泼地发展。

学业负担状况，包括学习时间、课业质量、课业难度、学习压力 4 个关键性指标。主要目的是关注学生学习效率，保护学习兴趣和热情，着眼孩子们的长远发展，就像现在衡量经济发展强调"绿色 GDP"一样，评价教育质量也应该强调"绿色"。

自然语文课堂绿色评价在评价方式上的变化主要体现在三个方面：一是强调注重全面客观地收集信息，根据数据和事实进行分析判断，将评价建立在大量数据支撑和科学分析的基础上，改变过去主要依靠经验和观察进行评价的做法；二是强调注重考查学生进步的程度和学校的努力程度，改变过去单纯强调结果不关注发展变化的做法；三是强调注重促进学校建立质量内控机制，改变过于依赖外部评价而忽视自我诊断、自我改进的做法。

自然语文课堂绿色评价在评价方法上的变化主要体现在两个方面：一是强调现代评价方法的运用，主要是通过测试和问卷调查等方法进行评价，辅之以必要的现场观察、个别访谈、资料查阅等，提高评价的科学性；二是强调面向学生群体采取科学抽样的办法，改变统考统测的做法，避免加重学校和学生负担。

自然语文课堂绿色评价形成学校教育质量综合评价报告。报告既要肯定学校的优势和特色，也要明确指出存在的具体问题，不用成绩掩盖问题，也不因问题否定成绩，就像我们的体检报告，把身体各个部位的情况和问题一一讲清楚，而不是简单笼统地说身体好或不好。

在评价结果的使用上，着重强调了改进和激励功能。评价结果要作为完善教育政策措施、加强教育宏观管理的重要参考，作为考核奖惩学校的主要依据。同时，也要求学校正确运用评价结果，改进教育教学。

自然语文课堂绿色评价的评价改革涉及评价指标、评价标准、评价工具等诸多方面，专业性很强，有的已经有了一定基础，有的还需要进一步探索。

一是评价指标的细化问题。《意见》提出 5 个方面 20 个关键性指标，初步建立了综合评价的指标框架，还需要在此基础上，按照小学、初中和普通高中教育的不同性质和特点，分别进一步研究细化相应的评价指标、考查要点。

二是评价标准的健全问题。有些在国家课程标准和相关政策中有明确的量化要求，像体质健康、作业时间、睡眠时间等，但有的只是原则性要求，目前还缺乏相应的具体标准和全国或区域的常模，像学生品德发展、兴趣特长等。

三是评价工具的开发问题。有的指标如理想信念、好奇心求知欲、潜能发展等非常重要，但如何有效地测量，还需要开发和完善相应的工具。除此之外，我们还亟须建设一支专业化的评价队伍。

自然语文课堂的教育观认为，推进素质教育，评价改革固然很重要，但还需要协同推进相关改革。一是深化课程改革。全面落实国家课程方案和课程标准，加强体育、艺术教育教学，促进学生全面发展；要强化实践育人，丰富校园文化活动，促进学生个性发展；要改进和完善教学方法，提高教学效率。二是深化考试招生制度改革。加快建立分类考试、综合评价、多元录取的考试招生制度，更加注重对学生综合素质和兴趣特长的考查，使评价和考试招生的要求相一致，形成推进素质教育的合力。

自然语文课堂高擎"绿色评价"的风向标。目前，国内各高校的自主招生工作已尘埃落定。主要体现在更加注重对学生综合素质和创新能力的考察。应当说，这是一种"绿色评价"的风向标！自然语文课堂引导树立正确教育质量观，自然语文课堂全面关注学生的健康成长，自然语文课堂促进基础教育的内涵发展，自然语文课堂走可持续发展的教改之路。

自然语文课堂的教育观认为，学生学业质量是教育质量的重要组成部分和重要标志。以学生学业质量的评价为切入口，引导树立正确的教育质量观及质量保障体系，对于促进基础教育的内涵发展，全面关注学生的健康成长有重大作用。建立学生学业质量评价体系是对基础教育质量进行有效管理的基础，世界上许多国家，都在这方面进行了积极的探索和实践。国际性的大型学业评价项目，如 PISA（国际学生评价项目）和 TIMSS（国际数学与科学评测）就是为有效评价学生的学业成绩而设计开发的跨国评价系统，其评价结果产生了世界性的影响。

在我国，学生学业质量是全社会共同关注并附加高期待的，由于各方面的学业

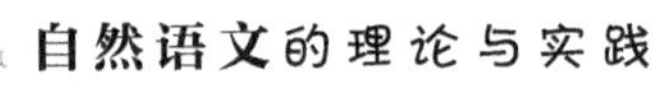

质量观不尽相同，提升学业成绩的对策多种多样，并通过多种途径进行评价，其结果最终都落实到学生身上，这就直接造成学生多样的、过重的负担（不仅是课业的）。因此，以学生学业质量的评价为切入口，也是针对时弊，落实"减负"的治本之策。

在 21 世纪初，在全国新课改推出的过程中，学生的学业质量就成为教育系统和社会公众普遍关注的问题，即如何评价新课程实施的效果，如何保证学生学习质量的提升。因此，建立符合新课改理念要求的学生学业质量标准和科学评价体系，建立配套的诊断、反馈、指导、改进系统就成为推进课程教材改革的基础性工作。

自然语文课堂学业质量"绿色指标"分为学生学业水平指数、学生学习动力指数、学生学业负担指数、师生关系指数、教师教学方式指数、校长教学管理能力指数、学生社会经济背景与学业成绩相关指数、学生品德行为指数、身心健康指数以及上述各项指标的跨年度进步指数。

第一，学生学业水平指数。包括：学生学业成绩的标准达成度，学生学业水平标准是依据课程标准，确定学生在某一学科、某一阶段应该掌握的基本内容与核心能力的标准等级。学业成绩的标准达成度指的是学生在各学科达到合格水平以上的人数比例。学生高层次思维能力，在关注学生标准达成度的同时，也要关注学生的高层次思维能力。高层次思维能力主要包括知识迁移的能力，预测、观察和解释能力，推理能力，问题解决能力，批判性思维和创造性思维能力等。学生学业成绩均衡度，①学生学业成绩总体均衡度，指的是测试地区学生学业成绩总体差异的大小。②学生学业成绩区县间均衡度，指的是测试地区中各区县之间学生学业成绩差异的大小。③学生学业成绩学校间均衡度，指的是各学校之间学生学业成绩差异的大小。④不同群体学生学业成绩均衡度，指的是不同群体（如城市与农村等）学生学业成绩差异的大小。

第二，学生学习动力指数。包括：学习自信心，主要指学生对自我学习能力的评价、尝试解决困难问题的意愿、对取得优异学习成绩和完成学习目标的预期等。内部学习动机，主要指学生对学习本身的兴趣、对于学习目的和意义的认识等。学习压力，主要指学生在学习过程中产生的心理负担和焦虑。学生对学校的认同度，主要指学生的同学关系、是否愿意参加学校集体活动、是否喜欢学校以及在学校是否会感到孤独等。历年大规模测试的数据分析显示，以上因素与学生学业水平明显相关。

第三，学生学业负担指数。包括：学业负担综合指数，学业负担指数是对通过问卷调查所获得的学生睡眠时间、作业时间和补课时间等数据进行分析合成得到的结果。历年大规模测试的数据分析显示，学业负担的增加并不是提高学习成绩的简单办法，学生学习时间的增加与学生学习成绩之间没有明了、简单的关系，更多的学习时间并不一定带来学生更好的学习成绩。学业负担分项指数，①睡眠时间，参照相关文件和研究成果，小学生每天睡眠时间应保证9小时，中学生每天睡眠时间应保证8小时。以此为参照呈现睡眠时间不同的学生的比例。历年大规模测试的数据分析显示，与睡眠时间较多的学生相比，睡眠时间较少的学生，其学业成绩并没有随着睡眠时间的减少而提高。②作业时间，参照相关文件和研究成果，小学生每天做作业时间1小时以下，中学生每天做作业时间2小时以下为宜。以此为参照呈现作业时间不同的学生的比例。③补课时间，补课时间包括学校统一组织的补课时间（不包括正常的课外辅导时间）和家长要求的补课时间（如家教或者课外辅导班）。历年大规模测试数据分析显示，学业成绩与补课时间之间并不是存在着明显的关系，补课时间的增加并不一定意味着学业成绩的提高。

第四，师生关系指数。历年大规模测试数据分析显示，师生关系与学生学业水平呈明显的正相关。师生关系的调查主要包含教师是否尊重学生、是否公正、平等的对待学生、是否信任学生等。师生关系指数是通过采集学生问卷数据分析得到的结果，其中包括总体状况及分学科的状况。

第五，教师教学方式指数。通过对大规模测试数据的分析显示，教师教学方式与学生学业成绩有着明显的正相关关系，良好的教学方式能够对学生的学业成绩起到积极的影响。教师教学方式分为教师自评和学生评价两个方面。一是教师对教学方式的自评。教师对教学方式的自评主要有三个指标，分别为因材施教、互动教学和探究与发展能力。它们是通过采集教师问卷数据，分析得到的结果。二是学生对教师教学方式的评价。学生对教师教学方式的评价是通过采集学生问卷数据，运用统计方法得到的结果。问卷内容主要包括教师是否进行情境教学、是否鼓励学生动手实践等问题。

第六，校长教学管理能力指数。校长教学管理能力指数是通过采集教师问卷数据，进行数据分析得到的结果。大规模测试数据结果显示，校长的教学管理能力对教师教学和学生学习有着重要的影响。对校长教学管理能力调查分析包含三个方面，分别为课程决策与计划、课程组织与实施、课程管理与评价。

第七，学生社会经济背景对学业成绩的支撑指数。该指数是通过问卷采集学生父母受教育程度、职业、家庭文化资源等数据进行统计分析合成的。将学生社会经济背景指数与学生学业成绩进行相关分析，可分析家庭对学生学业成绩的影响，从中也反映了学校教育的作为。

第八，品德行为指数。良好的品德包括热爱祖国、自尊自爱、尊重他人、有诚信和责任心、遵守公德以及拥有关怀之心和公正之心。品德行为指数是通过采集学生问卷数据，进行数据分析得到的结果。

第九，身心健康指数。学生的身心健康主要通过调查学生近视率、肥胖率、身体素质及幸福感等指标来反映。身心健康指数是通过采集学生问卷数据和相关部门的调查，进行数据分析得到的结果。

第十，进步指数。通过大规模测试中历年数据的纵向比较，可以反映以上各项指标的变化情况，即进步或退步。进步指数包括学习动力进步指数、师生关系进步指数、学业负担进步指数等。

自然语文课堂学业质量的"绿色指标"，并不是全面衡量教育质量的完整指标体系，而是直接指向促进学生健康成长，克服教育时弊提出的。该指标体系在使用过程中将不断地得到发展和完善。自然语文课堂"绿色指标"体系的推行，将为各级教育行政部门、教研部门和学校了解学生学业质量的基本状况和重要影响因素，提供实证的依据；为教育决策提供重要参考；为提升学生学业质量提供诊断和改进建议；从而引导全社会树立正确的质量观，促进学生的健康成长。

第五章　自然语文的美学追求

第一节　自然语文教学的美学智慧

自然语文，是一个既广博又狭隘的词语。说它广，是因为它是一种民族的传统的文明代表与缩影；说它狭，是因为有时它仅仅被当作一种应试的工具，仅仅作为一个学科。但是，不管从哪一个角度来看，自然语文，都具有其独特的美学魅力。

自然语文教育的最高追求应该是至真、至善、至美。在这三者当中，真是美的前提，善是美的基础，美是真与善的升华。由此可见，美是最高级的境界和状态。最好的景色一定是美的，最好的语言一定是美的，最好的人格一定是美的。只有美才能给人无穷的力量，迷人的魅力与恒久的幸福。

"自然语文"的课堂应该是美的课堂，"自然语文"的活动就是引领孩童在美中游历、体验与发现。语文教学之要：一则是引导学生在文本的穿行与触摸中，被语言本身的风景所陶醉，从而潜移默化地汲取有味道，有意象，有根底的母语。二则是引领学生在丰富多彩的形象和意境中，瞻仰并悦纳天地之大美，生活之大美，人性之大美。天地万物之美，生活多彩之美，人性本色之美，生命生长之美，文化蕴藉之美，语言形式之美，文本欣赏之美，睿智聪慧之美，自然和谐之美，简约质朴之美……让生命欲罢不能，让语文妙不可言。自然语文美在课堂上真实地绽放。这里面有语言蕴藉之美，言简而意丰，言有尽而意无穷，言外之意，弦外之音，尽在其中。

"自然语文"的教师应该是美的化身，其姿就是美的形塑，其语就是美的代言，其行就是美的流动，其思就是美的风韵。"自然语文"的教师主要看气质，那当是亦真亦善亦美，"腹有诗书气自华"的气质；其次看举止，那当是典雅而不失灵动，厚重而不失情趣的举止；再次看内涵，那当是积淀着中华优秀文化，熟稔着语文教学艺术，胸藏万汇凭吞吐，笔有千钧任翕张的内涵；最后看技术，那当是顺学而导，顺势而教的意识，善于预设又长于生成，穿针引线，曲径通幽，巧点妙拨的功夫，是对经典语言"精准打击"，扎实训练的招数。"自然语文"会成就一批名家，一批成果，但她对每个教育人来说，也将收获专业的自信，职业的幸福，精神的皈依和生命的完满。泰戈尔说："天空不留下鸟的痕迹，但我已飞过。"人生如白驹过隙，做一件有意义的事，惠及他人又高雅自己，培育生命又完美自己，何乐而不为呢？用心飞过，生命就不算错过；用情做过，人生就不算虚度。

一、感悟自然语文之美

一个自然语文教师，甚至每一个学生，每天都要捧着自然语文书，有的对其感兴趣，有的觉得枯燥无味。其实，在枯燥的自然语文学习过程中，也蕴藏着美……我轻轻地问自然语文："你是什么？"自然语文告诉我："'明月松间照，清泉石上流'的美景是自然语文；'春蚕到死丝方尽，蜡炬成灰泪始干'的奉献精神是自然语文；'衣带渐宽终不悔，为伊消得人憔悴'的执着是自然语文。"我谨慎地问自然语文："美是什么？"自然语文告诉我："秋日蔚蓝的天空中悠悠飘落的黄叶是一种美；置身度外收获满舱鱼虾是一种美；放弃安逸舒适而笑傲霜雪的梅菊是一种美。美无时不有，无处不在。"我小心地问自然语文："精神是什么？"自然语文告诉我："'寄意寒星荃不察，我以我血荐轩辕'是一种精神；'俯首甘为孺子牛'是一种精神；'愚公移山'也是一种精神。"我不解地问自然语文："和你交流，会学会什么？"自然语文笑着告诉我："学习自然语文，你可以借李白之笔去描绘那'飞流直下三千尺'的瀑布；学习自然语文，你可以用杜甫'吾庐独破受冻死亦足'去表达对穷苦人民的同情关心；学习自然语文，你能感受到蓝天中的白云的飘逸；学习自然语文，你可以感受到曹操'烈士暮年，壮心不已'的雄心壮志；学习自然语文，你可以体验到生活的美好。"与自然语文的对话结束后，我的心还在沉思：原来世界这么奇妙，原来世界这么美好，值得我们用心去感受。因此，我想走进大自然，捡两片落叶，去体会"落红不是无情物"的精神；我想冲进牛毛般的细雨中感受那浪漫无羁的情调。自然语文犹如七色光，丰富多彩。与自然语文交流，可以洗涤心灵的尘埃，可以陶冶你的情操，可以使生活更加美好。

自然语文之美，体现在景之美。观塞下风光长河落日，听小桥之下流水潺潺，赏荷塘之夜月影斑驳，这是物之景；江渚小洲之上的窈窕淑女，春日花影之中的桃花人面，接天碧叶之间的采莲稚女，此乃人之景。诗经，楚辞，唐诗，宋词，元曲……远古的诗人，今朝的作家，用笔将物之景、人之景永远定格，用文字建立起一个奇异瑰丽的世界，记录下世界各种各样的美景。景也许是短暂的、转瞬即逝的，可是自然语文所再现的景之美却是灵动的、永恒的。

自然语文之美，体现在意之深。意，是意境，是境界。周国平认为人生最好的境界是丰富的安静，既为摆脱外在虚名浮利的诱惑，并且拥有内在精神世界的宝藏。对于自然语文亦是如此，安静，是因为真正的、本质上的自然语文往往是人的灵魂在铅华洗尽之后的纯粹的寄托，而不是一幅虚伪的面具，所以它展现的是恬淡，宁静，淡泊与诚挚，这是它的纯度。而丰富，则是源于它的广度与深度。正是因为它包含各种来自生活的智者们的对生活的观察与透视，涵盖了不同思想的结晶与精神境界，才让它变得广博，变得深刻，变得美丽。

自然语文之美，体现在气之伟。气，是士气，是志气，是义气。如果说意的境界是人对外界事物的态度与认知，那么气就是人对自己本心的认识与判读。自然语文不仅体现美景的风流韵致，境界的诚挚深远，也着重展现人的精气神。李白的豪放潇洒之气，庄子的飘逸超然之气，鲁迅的尖锐刚直之气……这些，无不体现着内心的方向与真挚。恢宏意气，为自然语文添上了浓墨重彩的一笔。

自然语文之美，浩瀚并且丰富，广阔并且深邃。在广阔和深邃的背后，它的美有着更强大、深沉的支柱，那就是整个民族几千年的文化积淀。它的美，在某种意义上是文明的传承，精神的传递，是一种伟力的生生不息。让我们携手走进自然语文世界，去体会自然语文的美妙与神奇，去体会那无尽的美！

二、自然语文美学智慧

1. 什么是美学？

汉语中有美和学，但是直到现代才产生美学一词。它是日本人对德语美学"Aesthetik"一词的翻译。美学作为"美的科学"，意味着它是关于美的知识的系统表达。1750 年，德国哲学家鲍姆嘉通创立了美学（Aesthetik）这门学科，他因此而被称为"美学之父"。德文中的 Aesthetik 本义是"感性学"，指感性知识的完善性。

什么是感性？它包括感觉、可感觉之物和感性活动。美学作为哲学认识论的一个分支，这是基于西方对人的知、情、意、真、美、善划分的结果。什么是美学？美学是研究美、美感和艺术美的科学。

2. 西方美学的几种观点。

第一，客观派学说把美的本质说成是美的事物固有的客观属性。公元前 6 世纪的古希腊时期，毕达格拉斯提出：美是和谐与比例。西方美学思想的奠基人之一亚里士多德认为"美在于事物的形式和比例""美在于事物的秩序、匀称、体积和安排"。美感，特别是欣赏悲剧的感觉能净化和陶冶人的心灵。艺术即模仿，诗比历史更真实。代表人物英国的画家艺术理论家荷迦兹提出了美的六条原则：适宜（物体大小比例要适当），变化（有组织的变化产生美），一致（整齐、对称），单纯（免⋯⋯于杂乱），错杂（曲折的），一定的量（避免过大或小）。英国经验主义美学家博克提出了几项标准：小的、光滑、柔弱、鲜明的色彩、逐渐变化。从唯心主义角度去寻找美的本原。柏拉图认为：美是理念，艺术是模仿，是影子的影子，真正的美是艺术美。黑格尔发展了柏拉图的理念说，提出了"美就是理念的感性显现"。

第二，主观派学说是从审美主体方面去寻找美的原因的。其核心观点是：美不在于物，而在于心，美是主观的产物。强调美不是单纯的物理事实，而是一种精神表现。英国的经验主义哲学家休谟认为，美在人的心灵中：美并不是事物本身里的一种性质。它只存在于观赏者的心里，每一个人心"见出一种不同的美"。意大利美学家克罗齐也是主观派的一个重要代表。他说：美不是物理的事实它不属于事物，而属于人的活动，属于心灵的力量。美学之父鲍姆嘉通也属于这一派。他提出：美学的对象就是感性认识的完善。德国哲学家康德认为：美是主观的，美是自由的主观判断，给美下了这样的定义：美是一个对象的符合目的性的形式。第三，主客观结合派主张美既不全在客观对象，也不都由人的心灵产生，而在于审美主体同客体对象之间所发生关系当中。法国的作家、艺术家、艺术评论家狄德罗提出了"美是关系"。美产生于这一事物同那一事物相关联系的关系之中。俄国伟大的文艺评论家车尔尼雪夫斯基提出的"美是生活"，具有唯物主义的合理性。"任何事物，凡是我们在那里面看得见依照我们的理解应当如此的生活，那就是美的；任何东西，凡是显示出生活或使我们想起生活的，那就是美的"。

3. 中华传统文化的美学之源。

中华传统文化的东方美是自然美，直观美，意境美，内心美，真实美，朴素美等，如天生丽质是天然美，庄子"天有大美而无言"是天然美，老子"天下皆知美之为美，斯恶矣"是心灵美，"见素抱朴"是朴素美。老子"道法自然"、"见素抱朴"、"常德乃足，复归于朴"，庄子"朴素而天下莫能与之争美"，"道"是最自然、最朴素的精神，天然的本色和自然的本性是最美。"朴素美"是一种本色美，是美好的精神境界之外溢，也是最能直接显示人类内心世界文明程度的一种美的思想。

"朴素"一词源于《老子·上篇》："见素抱朴，少私寡欲。"庄子对"朴素美"做过高度赞赏，他在《庄子·天道》中说："朴素而天下莫能与之争美。""朴素美"在中国美学史上不是一个单独的美学术语，但是相关术语，如"芙蓉出水、璞玉浑金"的"自然美"则被作为中国完整的美学思想从古至今一直延续，而自然美亦即"朴素美"。从美学角度看，错彩镂金的"富贵美"和芙蓉出水的"自然美"可以说是代表了中国美学史上两种不同的美感或美的思想。楚辞、汉赋、六朝骈文、颜延之诗、明清的瓷器、苏杭刺绣、京剧服饰，属"错彩镂金、雕贵满眼"之美。而汉代的陶器、宋代的白瓷、王羲之的书法、顾恺之的画、陶潜的诗，属"初发芙蓉，自然可爱"之美。从魏晋南北朝起，中国人的审美意识更倾向于芙蓉出水的美所传达出的美的意境，李白有这样的诗句："清水出芙蓉，天然去雕饰。"中国人的画，要从金碧山水，发展到水墨山水；中国人的建筑在正屋旁，要有自然可爱的园林，中国人作诗作文要讲究"绚烂之极，归于平淡"。所有这些都是为了追求这种最高的艺术境界，即"朴素美"的境界。王朝闻先生指出："作为审美意识集中体现的艺术能否反映出审美理想上的民族特性，是关系到这种艺术的审美魅力、艺术生命力的重要问题。那种缺乏民族特色的艺术品，很难受到群众的欢迎，得到积极的评价。"很显然，文化倘若不尊重传统，它就没有根基。从我国传统文化中吸取营养正是中国现代设计创新的根基。"尚朴"的美学思想是在中国特定的自然环境、经济结构、民族素质、心理观念、宗教观点等条件下孕育而成的中国传统文化的一部分。老子提倡"见素抱朴"，庄子要求"明白入素，无为复朴"，主张纯素"素也者，为其无所与杂也；纯也者谓其不亏其神也；能体纯素，谓之真人"。《庄子》中还有"雕琢复朴"的说法，即"既雕既琢，复归于朴"。

朴素的人是最美的。好看不过素打扮，人仪表的自然美和衣着的素雅美，是朴素的综合之美。印度诗人泰戈尔说"鸟翼上系上了黄金，鸟也就飞不起来了"；蒙古族谚语说"美丽的姑娘最怕人往她头上插花"。自然，简洁素雅。朴素的打扮和简洁的装束，流露出一种人的本性美，彰显个人清雅洁净的气质，人们可以透过外表的朴素美，看到内心的真实美。妇人之衣，不贵精而贵洁，不贵丽而贵雅，可谓真知灼见。朴素之美，是带着几分诗意，几分希冀，几分平淡的生活。最美援疆女医生于文丽带着半瘫丈夫援疆，演绎着不离不弃的平凡之美；最美教师张丽丽危急之下，将学生推向一旁，自己却被碾到车下，导致双腿高位截瘫；最美邮递员王有江每天都要走 30 多公里的山路，21 年如一日，背着几十斤的邮包走进去，坚持把每一份报纸、每一封信件，都送到村民手中。最美妈妈吴菊萍朴素的一举，挽救了 10 楼上掉下来的小妞妞的生命，造成左手臂多处粉碎性骨折，尺桡骨断成三截。却只是淡淡地说：这是本能，是一个母亲应该做的事情。我只是普通人，问心无愧就好。在这物欲横流的年代，他们的行动证实了人间处处有真情。真水无香，至人无梦，以他们的朴素之美，映照着伟大的时代精神。

伟大的人都是朴素的。周恩来与邓颖超在半个世纪的风风雨雨里，互相关怀，互相帮助，相濡以沫，堪称一对模范夫妻。周总理的睡衣，补丁叠补丁。毛泽东接见外宾时外面穿着庄严的西服，锃亮的皮鞋，内衣袜子仍是破的。破烂的衣服不能解决外表的美，却更能体现他们精神的崇高与伟大。他们是真正意义上的人民的公仆，老百姓的儿子，全心全意为人民服务的共产党人。与那些崇拜奢华，凌驾于人民之上的人相比，一个重如泰山，一个轻如鸿毛。古代的圣人，释迦牟尼，老子，庄子，孔子，孟子等都是崇尚简朴的生活，让灵魂超越物质，而成为精神领袖。布衣暖，菜根香，读书滋味长。圣人圣在心，伟人伟在朴素。

从上古时代到春秋时代，由于生产力水平的低下，一般观念上都强调满足人的最基本的生活需要，反对追求华丽的奢侈，不但老百姓不可能有超越生产力发展水平和自身的社会地位的享受，就是贵为天子的君主，也不应该一味地贪图享乐。《国语·楚语上》："夫美也者，上下、内外、大小、远近皆无害焉，故曰美。若于目观则美，缩于财用则匮，是聚民利以自封而瘠民也，胡美之为？"这是倡导朴实之美的最基本的经济的和政治的原因，与此同时，传统美学观也把对美的鉴赏和崇尚纳入了政治风格和道德评价领域，成为一种带有普遍意义的超美学的标准。

朴素，作为一种美的形态，就是在这样一种前提下提出来的。"朴素"这两个字就来源于《老子》："见素抱朴，少私寡欲。"老子在时代的变革面前，对奴隶主统治阶级无限膨胀的欲望和奢侈淫靡的生活方式表现出极度的憎恶，希望回到"小国寡民"的上古社会去，因此提出一些极端的主张，如"绝圣弃智，民利百倍；绝仁弃义，民复孝慈；绝巧弃利，盗贼无有"，他认为仅有这些消极的措施还不够，"见素抱朴，少私寡欲"作为一种治国的原则就是这样提出来的。老子说"天下之弱莫过于水，天下之攻强者莫之能胜"，指出"朴拙"的力量。庄子的美学理想从整体上看是追求宏大之美，其中的"逍遥游""秋水"等篇都表现出壮美的气势，但在对美的形态作论述的时候，他却更多地强调朴素、自然、平淡的美，这使他与老子的美学思想有着明显的一致性。《庄子·天道》："夫虚静恬淡，寂寞无为者，万物之本也。……静而圣，动而王，无为也而尊，素朴而天下莫能与之争美。"《庄子·刻意》："若夫不刻意而高，无仁义而修，无功名而治，无江海而闲，不道引而寿，无不忘也，无不有也，澹然无极，而众美从之。此天地之道，圣人之德也。故曰，夫恬惔寂漠，虚无无为，此天地之平，而道德之质也。"这些论述都表明，庄子把朴素自然、恬淡无为作为美的最高形态，是符合天地之道的最高的美。

崇尚自然、平淡、朴素、简约，本来是老庄美学思想的精髓。朴素美直到如今也是人们所崇尚的。朴素一直是中华民族的传统美德，先人无数次的教育我们要"勤俭节约，艰苦朴素"。在现实生活中，我们也经常看到许多朴素美。简约大方的衣着、朴实无华的文字、简单朴素的道理……朴素无时无刻在我们身边。我们倡导朴素，学习焦裕禄清正廉洁朴素生活作风，学习袁隆平艰苦奋斗的朴素工作态度，学习霍英东心地无私朴素思想品性，学习陶渊明一尘不染朴素精神境界……做一个真正为人民大众服务的朴实的人。朴素，是一种美的精神境界，是悬缀在人生命长链上的一颗明珠，它永远是刻在人们灵魂中的美的对一种最好的诠释。

三、品味感悟自然语文的朴素之美

自然语文其实魅力无限。其一，自然语文朴素魅力表现在善于、精于表达和交流。会表达的人前程似锦——俗话说得好"他的嘴巴很甜""说的比唱的好听""他说话很有磁性"，一个善于说话的人，可以把死的说成活的；可以让自己的处境转危为安；可以改变别人对自己不利的看法；可以让自己从成功走向更大的成功。

很多时候，同样一句话，如果用不同的语气、声调说出来，它的意思往往大相径庭。如："他是那样一个人"——

如果这样说："他是那样一个人！"表示的是肯定、赞叹、欣赏。

如果这样说："他是那样一个人？"表示的是疑问、甚至否定。

如果这样说："他是那样一个人。"表示的是这个人不值得关注，不存在褒贬。

如果这样说："他是那样一个人。"加上一定的表情，可以表示看不起、厌恶、轻视等意思。

其二，自然语文朴素魅力体现在阅读上。你可以将阅读当成是休闲或消遣，也可以将其当成学习的调味品。当然，如果你阅读到了一定的境界，你还可以将它当成是修身养性的必备品。当你静静地走进自然语文，用一种欣赏的眼光审视它时，你的头脑就会有所思考有所发现，你的情感就会有所起伏有所共鸣，你的思绪就会有所联想有所想象，当你的思情达到一定程度时，你一定会有所创造。所谓"读书破万卷，下笔如有神"，说的就是这个道理。

其三，自然语文的朴素魅力还妙在能用恰当的文字准确地表达自己所想要表达的意思和情感。自然语文要学好并不难，只要你掌握两三千字，你就能运用自如了，而英语什么的，就不是简单的两三千字就可以的，况且，英语也一直在不断快速发展中。我想，汉字这种表意文字，是世界上最美丽最奇妙的文字，两三千字就可以组成无数的词和句子，人们通过这无数的词和句子利用不同的组合，主可以表达出无数的意思来。

美学一直在发展。然而，朴素之美始终是一个古今不变的大众美学思想。即天然的本色和自然的本性是最高最大的美。老子的"道法自然""见素抱朴""常德乃足，复归于朴"崇尚的是朴素之美，庄子也认为"朴素而天下莫能与之争美"。而现今人们在继承朴素美学思想的同时，又创造性地提出了"灵动之美"。朴素还需不乏灵动。有了灵动，美才会更具活力。自然语文一如夏日清晨的绿荷，吸纳天地精华，为自然界捧出一颗颗晶莹的珠子抑或一只只栖息的蜻蜓，于是，这朴素的绿荷就有了生命的灵动之美。

第二节　自然语文教学的美学追求

《语文课程标准》指出："阅读是运用语言文字获取信息、认识世界、发展思维、获得审美体验的重要途径。阅读是学生、教师、教科书编者、文本之间对话的过程。"同时《语文课程标准》还指出："学生应具有独立阅读的能力，有较为丰富的积累和良好的语感，注重情感体验，发展感受和理解能力，背诵优秀诗文240篇（段）。九年课外阅读总量在400万字以上。"培养学生阅读能力是语文教学的主要目标之一，帮助学生感受阅读文本中的语言文字之美是培养学生的阅读兴趣，提高语文阅读能力的重要环节。小学语文教材中选取的大都是文质兼美的文章，当我们在阅读中与大师对话的时候，要在优美的语言文字中发现美、感受美、品味美、鉴赏美，同时训练学生用生动的语言文字去表达美、创造美，让阅读教学与审美教育融为一体，使学生在阅读中学习知识的同时，培养其健康积极、美好高尚的情操和审美素养。让学生在阅读中感受语言文字之美，并带着美积极品味语言，在优美的语言文字之中快乐地徜徉。自然语文在阅读教学中帮助学生感受语言文字之美，有自己的六大美学追求。

一、自然语文追求"见素抱朴"的朴素美

朴素的文章是最美的。艺术作品中的小人物、平凡人性、平凡生活的魅力往往更具感染力，更能动人心魄。老子云：朴素之美为大美。古瓷，外表简朴，品位却高；清茶，淡远幽香，有真乃美。莫言说："关于散文的写法那就是一个'真'字，真心、真情、真感觉。有真乃大，有真乃美。朴实自然，简洁淡雅，清新优美；然而淡中有浓，平中见奇，'华与朴相表里'眉清目秀，举止优雅，仪态大方"。写文章力求自然简洁朴素。元好问"一语天然万古新，豪华落尽见淳真"；梅尧臣云"天然情趣始为佳"；明朝末年，大戏剧家李立翁主张写文章"全去粉饰露天真"。朴素的书画是最美的。书法，简朴淡素，只黑白两色，却能飘若浮云，矫若游龙，气象万千。雄浑遒劲，天马行空，行云流水。散发出神奇的艺术魅力。中国水墨画，虽然只有一种颜色，但墨色的深浅，浓淡，疏密，枯润，无不充满表现力。泼墨如水，又惜墨如金，收放自如，纵横潇洒，展现出古朴的诗意美。

世界上不是缺少美，而是缺少发现美的眼睛。田野是朴素的，金黄的麦浪，朴素的农民，鸡鸣狗吠，却是我们的精神家园。中国人的园林是蜚声中外的。但更有的是轩阁之中的假山盆景。不大的小盆小池之中，一棵文竹，简单至极却尽显劲山苍松之意；一株雏菊，三四朵小盏，五六片绿叶，简朴无华，却是大拙大美；一座假山，寓天地于方寸之间，亭台楼阁，流水曲殇，无不寓巧于拙，展现自然朴素之美。明末《园治》中写出了"虽尤人作，宛自天开"，园林之美，美在与自然浑然天成。红楼梦中的稻香村，森林中的茅屋竹舍，更显得亲切优雅，淳和朴素。梁思成先生对园林，写过"大拙至美"的评价，他不求梁枋间的彩画，台柱间的斑斓，只求朴素亲和。以纯真无物之心感受自然的纯朴，感受自我真美。

二、自然语文追求"自然无为"的天成美

自然无为，天成至美。素者至美，朴也无敌。质朴无华、淡雅大方，它展露出人性之纯真。自然语文的课堂如清水出芙蓉，天然去雕饰；如山间野菊，淡雅素洁；如清澈山泉，潺潺流淌。在自然语文课堂上，江南应该是撑一把纸伞，着一身青衫，走在铺着石板的小巷，宛如一幅水墨点染的中国画；塞北则是大漠黄沙，骑一匹青骢骏马，手握长枪大茅，金戈铁马，英雄慷慨，如一幅黑白素描。自然语文教学追求朴素中蕴含平凡的美丽，如深谷幽兰，深山百合，宁静，淡泊。人生的生存乐趣，不过是心无尘埃，活得自然，简单而快乐。君子之交淡如水。朴素之美源于一颗真诚、淳朴的心。陶渊明不为"五斗米而折腰"，辞离官场，归隐田园，"采菊东南下，悠然见南山"。远离尘世的樊笼，与世无争，淡泊名利，淡看荣辱，笑对人生。有谁说过：体形最美的要数体力劳动者。辛勤的劳动者，健美强壮的体魄，古铜色的皮肤，发达健美的肌肉，纯真灿烂的笑容，矫健轻盈的步伐，流露着纯洁朴实之美。

美丽是存在于简朴之间的，鸡鸣狗吠，却是我们的精神家园。朴素是一种大美，是一种朴拙、自然、原始的美。美女们的天生丽质，野花野草山泉纯天然，山河湖海野性的美，都是朴素的。朴素是清水出芙蓉，天然去雕饰。朴素是最恒久、最不易凋零的美。或许它不是吸引人眼球的亮点，但却如清茶老酒般醉人。"素花多蒙别艳欺，此花真合在瑶池。"白莲花是朴素美的极致，素到没有一丝杂色，纤尘不染。最能代表佛心——本来无一物，何处惹尘埃的最高精神境界。荷塘里几朵亭亭玉立"出淤泥而不染"的白莲，静静地绽放洁净素雅，谦和而高贵。庄子曰："朴素而天下莫能与之美"。朴素的诗是最美的。司空表圣《诗品·含蓄》曰：不着一字，尽得风流。李白《忆东山》：不向东山久，蔷薇几度花。白云还自散，明月落谁家。朴素而不乏浪漫，平和而简单。贴近生活，蕴藉心灵。用平白之语表达深远蕴藉的意境"正天籁自鸣天趣足，好诗不过近人情"。

三、自然语文追求"大象无形"的含蓄美

"含蓄"是中国古代文学美学风格论的一个重要范畴和重要特征，也是中国古代诗学极其崇尚的一个审美准则和审美理想。"含蓄"具有多方面内涵。司空图在《二十四诗品》中专列"含蓄"一品，对其解释为"不着一字，尽得风流"，它即指一种委婉蕴藉，用语清省简约的写法，又指包蕴丰厚，发人深省，余味无穷的艺术风格。这种表现方法不涉及题面，只用他事烘托、渲染、对照，正意却跃然纸上，引人回思不尽。这种艺术风格"状难写之景如在目前，含不尽之意见于言外"，"言有尽而意无穷"，透过具体的、有限的意象，曲折地传达出悠远无限的情意和内容。这两者是合二为一的：前者是体现后者的必要手段，后者是前者所表达的必然结果。清杨廷芝的《二十四诗品浅解》解释"含蓄"一词是这样说的："含，衔也。蓄，积也。含虚而蓄实。"含蓄，不是不欲人知，而是不须明言，是充分运用语言的暗示性、象征性去启发、唤醒读者的联想和想象，从而发现作品字面意义之外的隽永深长的意味和情趣。钟嵘《诗品·序》中称其为"文已尽而意有余"，刘禹锡又提出了"境生像外"等，都是说诗人们并不把他所想的、所欲表达的全部内容都详尽无遗地写进诗中，而只是让读者通过诗中已经表现出来的有限形象，去领略更多的、并没有直接描写到的内容和部分。正是翁方纲所谓的"不着一字正是谓涵盖万有"。

自然语文的教学观认为，委婉曲折是含蓄的基本形式特征，这种曲曲折折的含蓄往往能使作品一波三折，一唱三叹，欲诉还休，使人回味无穷，使作品更具艺术魅力。正如北宋郭熙在谈到山水画中山之高、水之远时说："山欲高，尽出之则不高，烟霞锁其腰，则高矣；水欲远，尽出之则不远，掩映断其派，则远矣。"可见，若是直露地描山摹水，则不见山水隐露之间的委屈的韵味和意趣了，与之相反，若是山水之中有云遮雾罩，烟霞缭绕，则更能突显出风景之中独特的意境韵致。并且，由于含蓄蕴藉与直率坦露格格不入，因此作家的审美情感不应直截了当地流露出来，而应该是深隐于作品的审美意象之中，这样，含蓄美才能产生。严羽《沧浪诗话》中说："语忌直，脉忌露。"讲的也正是这个道理。司空图在《二十四诗品》中

讲含蓄"深浅聚散，万取一收"，就是说为文之道，纷纭多彩、变化无限，犹有万途，此固不可方之于一隅，但需以少总多，言浅意深，"万取一收"也总是要求精紧凝练，包蕴丰富多变，最终归之于含蓄。由于"含蓄"既意蕴丰富又曲折委婉，作家的情意隐然寓于审美意象之中，艺术作品往往"言在此而意在彼"，这就使含蓄具有了余味深远的特点。正如欧阳修《六一诗话》中说的"含不尽之意见于言外"，明代学者胡震亨认为"片言可以明百意，坐驰可以役万景"，以及司空图提出的"超以象外，得其环中""味外之旨""韵外之致""象外之象""景外之景"等，都说明了含蓄的韵味深远，余味缭绕不绝。但正由于这些韵味和余味都在作品之外，也导致了读者对作品理解的仁者见仁、智者见智，造成了含蓄风格的作品理解上的多义性和不确定性。而这种雾里看花、水中望月式的具有含蓄美的作品，也正借着这种不确定性和朦胧性，使作品具有了无尽的神秘感和独特的魅力，使读者无法对其做出迅速和直接的把握，并从而在这种情况下，促进和推动了主体的主观能动性和探究欲，使作品越嚼越有味。这种情况相比于明朗、易于把握的直露形态来说，更具备一种内在的吸引力。这就形成老庄美学所说的"大音希声""大象无形""天地有大美而不言"——含蓄不言之道才最具有韵味的美感。

含蓄并非中华民族所特有的，作为性格比较外向的西方民族同样也讲究含蓄。黑格尔在《美学》中指出，"艺术的显现却有这样一个优点：艺术的显现通过它本身而指引到它本身以外，指引到它所要表现的某种心灵性的东西。"朱光潜把"通过它本身而指引到它本身以外"译为"意在言外"，即"言在此而意在彼"。海明威提出过著名的"冰山理论"，他说"冰山在海里移动很是威严壮观，这是因为它只有八分之一露出水面"，而作家所依靠的是"水面下的八分之七，这并不是要求作家把这八分之七和盘托出，相反，应该把它藏在水里，以加强八分之一的基础"。这种说法与司空图在《与李生论诗书》中提出"味外之旨""韵外之致"不谋而合。这种辩证处理"藏与露"的关系，意含于象外，正是贵含蓄，追求含蓄蕴藉的艺术美的表现。另外，西方象征主义诗人，特别是意象派诗人更是反对直陈和外露，倡导象征、暗示与意象，推崇从意象和象征中体味其深沉的意蕴。

著名语文教师余映潮曾经说过："非朗读不足以体会到文章的铿锵之美；非朗

读不足以表达其音韵之美；非朗读不足以感受到其朗朗上口、悦耳动听的魅力。"自然语文还文字以声音，字正腔圆、抑扬顿挫、感情充沛的朗读立即使文本鲜活起来，以读促悟，让我们悟出作者潜藏在字里行间的情感，品悟语言的精当之妙，领略文章的语言文字之美。现行语文教材中一些语言优美、富有情韵、朗朗上口的作品，可以通过学生齐读以及分角色朗读等形式，让学生体会语言文字的含蓄的音乐美。古诗词讲究韵律，乐感极强，平仄交错，节奏鲜明。大声朗读，我们也仿佛身临其境，诗中景即在眼前，诗中人即是你我。李煜的《相见欢》一词当中的"剪不断，理还乱，是离愁。别是一般滋味在心头。"这几句，是整首词的最强音，使学生在朗读的过程中，更加深刻地理解了李煜这位亡国之君被囚之后的复杂沉痛的情感。而现代诗歌也将这种美呈现到了一种极致。余光中的《乡愁》一诗，结构简约精致，全诗一共四节，每节四句，节与节、句与句整齐对称，长句与短句交错变化，整齐中有参差，既体现出一种视觉上的结构之美，又体现了音韵上的旋律之美，低回婉转，如怨如诉，回环往复，一唱三叹，读之使人柔肠百结，感慨万端。同一位置上数量词"一枚""一张""一方""一湾"的准确措辞和叠词"小小""窄窄""矮矮""浅浅"的巧妙修饰，不仅显现出现代诗歌的语言美，更增添了结构的精致和谐，读来既有朗朗上口的音乐美，又有意味无穷的意蕴美。在整首诗的音乐韵律美中，学生可以借助诗中连续点滴闪现的意象，在情感深处产生共鸣，激发了学生对诗歌的浓厚兴趣。

四、自然语文追求"大巧若拙"的内在美

有人说："语文是断臂维纳斯的美丽……"我非常赞同这个观点，确实语文就是语文，语文是文化的语文，语文也是科学的语文；语文是朦胧的美，是空中楼阁般的梦幻，是荡气回肠的美妙乐曲，是意蕴悠远的诗韵，是美神维纳斯断臂的浮想联翩……可是，我们语文的学习空间却越来越狭窄，越来越远离时代、社会、家庭、学校等这些补充和强化课堂习得所需要的丰富而广阔的智力背景，也越来越远离了语文的本质特性，语文成为"强化训练"，成为"适应性训练"，成为干瘪枯燥甚至

是僵化的闭门造车。那么，语文学习学什么？语文的前途又在那里？自然语文学习就是对发现美、欣赏美、感悟美、表现美、挖掘美的向往。失去了美，自然语文就失去了灵魂，也就失去了她诱人的魅力。自然语文是一种厚实的涵养，是人文的沉淀，是美的升华。自然语文教学是流动着的美的韵律……语文不是无情物。就人教版语文教材而言，选入的都是文质兼美的文章，尤其是文学作品，更是中外文学史上的经典之作。既有"笔落惊风雨，诗成泣鬼神"的李白佳作，也有被盛赞为"史家之绝唱，无韵之离骚"的司马迁的《史记》；既有世界短篇小说大师莫泊桑的作品，也有中国古典小说的最高成就《红楼梦》。可以说中学语文教材囊括深厚宽广的自然美、社会美、艺术美，美育因素得天独厚，美感情调处处洋溢。苏联教育家列节夫曾说："语文应该让孩子在美的空间遨游。"因此，自然语文课在引导学生学习知识的过程中，充分实现她的审美功能是非常有必要的。如何在自然语文教学中进行美感教学呢？

自然语文引导学生分析人物形象，使学生深入人物内心，和作品中的人物一同去爱，一同去恨，产生共鸣。文中的语句因为有了修辞，增强了语句的表达效果。一个句子因为运用了恰当的修辞，内容表达上就会变得生动、形象、传神，这样一来，学生在感受文本具体语句时就能与自己的生活实际发生联系，也变相增强了语言感染力。鲁迅《故乡》一文对中年杨二嫂的描写："两手搭在髀间，没有系裙，张着两脚，正像一个画图仪器里细脚伶仃的圆规。"用"细脚伶仃的圆规"这一传神的比喻，刻画出中年杨二嫂特殊体型，将其生活上的窘迫，形象、生动地表现出来，也对挖掘这篇小说的中心起到重要作用。可谓是化无形为有形，化抽象为形象。针对自然语文的教学，具体来说就是移情体验，走入人物内心。学生在阅读感悟课文时，往往会因为没有切身体验而无法感受人物的心情、感受。教师在教学中要做到，唤起学生生活中类似的经历，从而达到"将心比心"的效果。小学教材中的作品，无不是作者"情动于衷，不吐不快"的力作，无不是"情"的喷涌结晶。文中宣泄奔涌着感情的激流，描绘塑造着栩栩如生、呼之欲出的有血有肉的人物形象，给人以动感和艺术魅力的美感意蕴。教师应该把精力集中在"情"字上，通过自身的感知、联想、想象，深入剖析作品的人物形象，自然语文引导学生感受作者浓烈情感所塑造的人物形象美，让学生自然而然地进入作品创设的情景，达到痛作者之痛，恨作者之恨，爱作者之爱的同化境界。这样学生才能把自己的情感移入进人物的内心去，与作品中的人物一块去爱，一块去恨，产生共鸣。

自然语文引导学生领会作品的谋篇布局，感受作品的建筑形式美。一篇文章由许多材料组成，由字词句段连成篇章。那它是如何构成整体，达到和谐统一、搭配相宜、生动流畅的美感呢？领会掌握这一点，不仅对阅读有帮助，而且对写作构思，文章的安排有借鉴作用。正如一座大厦，如何总体构架，如何安排层次，如何布局装饰，形成建筑形式的新颖、独特的美感。如果我们把握了文章组织材料的脉络、方法，就会有"涉足斯文也，则有心旷神怡，其喜气洋洋者矣"的感觉。那么，让学生在阅读欣赏作品时，借鉴文章分析的各种方法，把本来繁杂的材料化为富有建筑美感的形式，来做分析领会。诸如此类所讲的文学形式的建筑美，能给人以形式与内容的完美统一。

自然语文引导学生根据作品的语言，充分相信作品的意境，使学生在美的欣赏中得到熏陶。在文本与学生之间架起一道桥梁，是教材不得不挑战的金科玉律，学生也不是被动接受知识的容器，两者之间存在着双向互动关系，教师要教会学生带着猜测、期待的心理和批判精神去阅读、评价作品。遇到疑难时，要善于提出假设，产生分歧时，要善于进行"二度创作"。发现空白时，要以自己独特的眼光去审视、填补。把语言文字的训练和对语言文字的感悟有机地结合在一起。康德曾经说过："想象力是创造性的。"我们知道，教材中的文学作品的艺术美，不是露天的珍珠，伸手可以摸得着；也不是碧空里的星星，抬头可以看得见。它往往隐藏在艺术形象所留下的深广的审美空间和生动逼真的意境里。因此应开辟学生审美想象的通道，即通过作者描写艺术形象的语言，启发学生展开审美想象，使学生在美的欣赏、想象中得到熏陶。曾经看到一幅颇有趣的画，在一天中最宁静休闲的时刻，太阳正准备下山，绿草如茵中，一位女子自在地坐在椅子上读书，非常沉醉，可是，画面中那张椅子已经离开地面，连同手边的那杯咖啡，一起悬浮在空中。我想，画家握笔构思时，一定想传达这样一种创意，书本的力量足以使我们的躯体得到真正的解放，并伴随我们的心灵在另一个旖旎的世界里自由的漫步。

自然语文教师还要树立"超文本"的大语文教育观，积极沟通课本内外、课堂内外、学校内外的联系，不断拓展信息渠道，使学生感受到充满生机和意韵的生活。自然语文冲出习题的淹没、展开思维的翅膀去创造；挣脱标准的锁链、释放个性潜能去创造。自然语文用无拘无束的遐想去开拓，用纵横驰骋的思辨去探究，用火热的真情去挥洒。自然语文的美丽是如此的无穷无尽，她就像阿拉伯神灯一样，永远带给我们意想不到的惊喜。她不只会消解人莫名的烦忧，不只会让你在一个人独处时也会快乐地笑出声来，更重要的是，阅读赋予我们一双慧眼，让我们看到生活梦幻的罗曼蒂克的一面，从此不再疲惫和厌倦。有人说，生命是一束纯净的火焰，我们依靠自己内心看不见的太阳而生存。自然语文，就是我们心中永远不落的太阳。

自然语文的教学观认为，"大巧若拙"，学语文无捷径，要多读多写多积累。"读"，于学生来说，是最重要的学习能力，师生都极为重视。可是现在所进行的阅读，大多是考试化阅读。阅读是一种综合性的活动，涉及语言、情感、文化和精神，涉及思维能力、审美能力与探究能力、应用能力，而这些不是应试能力所能囊括的。考试化阅读不能算是原生态自然阅读，自然语文呼唤原生态自然阅读。原生态自然阅读是安全的阅读。这种阅读不像考试化阅读，总要担心阅读符不符合命题者的意图，总是想着自己的阅读是否符合教师常讲的思路和方式，总是想着自己的阅读能否获得理想分数……原生态的阅读是一种不带压抑甚或压力感的阅读，是一种不带极端功利性的阅读。原生态自然阅读是自由的阅读。这种阅读不像考试化阅读，有一定程式，要受制于试题先后。它可以先读自己感兴趣的；可以顺着读，也可以倒着读；可以粗读，也可以略读……原生态自然阅读是一种可以按自己的阅读习惯、阅读方式来进行的极具个性化的阅读，是一种非固定模式化的阅读，是一种适性的阅读。原生态自然阅读是素朴的阅读。这种阅读不需要多媒体文本，不需要手机文本，不一定需要书桌，不一定要躺椅……只要有书，只要有人就行。原生态自然阅读不需要时尚，不需要流行，只需要经典，只需要书香围绕。是一种不被技术和流行污染的阅读。原生态自然阅读是静阅读。这种阅读不需要喧闹，只需要带着心，读出自己的第一印象、第一感觉……可能幼稚，可能肤浅，但属于自己，真切而实在。是一种源于生命本原的真热爱的阅读。一句话，原生态自然阅读就是一位教师所说的，处于自然状态下的、不受他人影响和干扰的原始生态或者生态原状的阅读。原生态自然阅读可出现在阅览室或者图书馆。作为语文教师，我们完全可以每周为学生留下这么一节自由阅读课，让学生自由选择书、报、刊，不作太多硬要求。原生态自然阅读也可以出现在教室里。可原生态地读必修教材，读选修教材。原生态的阅读可以出现在语文里，安全地读，自由地读，素朴地读、静读。原生态的阅读可以不做题，但可以随手批注，可以尽情地写读后感，也可以写语感性评析随笔。从目前的语文实际情形来看，要绝对进行原生态自然阅读是不大可能的，要绝对回到原生态自然阅读更是不可能的，但我们可以尽量地多进行一些原生态自然阅读。多进行原生态自然阅读，有助于培养学生对语文的兴趣；多进行原生态自然阅读，有助于保护学生的天性与个性；多进行原生态自然阅读，有助于培养学生的诗意情怀；多进行原生态自然阅读，有助于养护学生良好的语文状态。自然语文的阅读教学应引导学生钻研文本，在主动积极的思维和情感活动中，加深理解和体验，有所感悟和思考，受到情感熏陶，获得思想启迪，享受审美乐趣。寓美于阅读教学之中，重视阅读教学的美感，阅读教学应该是生动的，用美感染学生，引导学生共同创造阅读教学之美。阅读之美就潜藏在字里行间，要用心去挖掘、去感悟，让我们与作者牵手，在优美的语言文字中徜徉，培养学生的阅读兴趣，提高学生的阅读能力。

五、自然语文追求"恍惚迷离"的朦胧美

朦胧美，是一种与含蓄美相近似却又有区别的独特的审美形态。它依稀隐约、扑朔迷离；若有若无，若恍若惚；若明若暗，若隐若现。给人以诱惑、神秘、联想、想象以及沉醉、神往，具有不确定性、多义性特点。因此，它所唤起的审美心理活动，就具有更大的流动性和创造性，能引起审美主体领略到一种无法确定的意象，却又确信不疑的艺术境界。如大家非常熟悉的著名画家达·芬奇的《蒙娜丽莎》，人们对蒙娜丽莎神秘的微笑始终莫衷一是。不同的观者或在不同的时间去看，感受似乎都不同。有时觉得她笑得舒畅温柔，有时又显得严肃，有时像是略含哀伤，有时甚至显出讥嘲和揶揄。在蒙娜丽莎的脸上，微暗的阴影时隐时现，为她的双眼与唇部

披上了一层面纱。达·芬奇把这些部位画得若隐若现，没有明确的界线，给人以神秘、联想、想象和不确定性的朦胧美。

"朦胧"的最原始意义就是月色不明或模糊不清，故有"月色朦胧"之说。但作为一种特殊的审美意识，则滥觞于老聃。《老子》中就有"道之为物，唯恍唯惚。惚兮恍兮，其中有象：恍兮惚兮，其中有物"的论述。这是就对"道"的认识而言。境界虽是恍惚模糊，不可以言名状，其中却有"物"有"象"，故以心融神化。后世的诗人、诗论家从老聃这种思想中受到启迪和昭示，将恍惚模糊的思辨引入诗歌的创作及批评之中，作为诗歌意境一种特殊的审美形态加以崇尚和追求。王维也是这样一位诗人，他特别喜欢表现那种"色空有无之际"的景象，总是带着闪烁的朦胧的笔调，在有无缥缈的画面中，引导读者去领悟自然界的无常和不真实。因此，他有些诗的意境，就具有似有似无、若即若离、隐约而不可捉摸、才临其境又影像迷离等特征和意蕴的朦胧美。古诗所反映的社会生活和表达的意见态度、思想感情具有高度的概括性，诗人用极其精练的语言将其在诗中涉及的场景、所记叙的事件、描写的人物及其内心情感变化表现得淋漓尽致。人们说好诗如画，韩愈的《早春呈水部张十八员外》中"天街小雨润如酥，草色遥看近却无"两句，就绘成一幅怡人的长安早春景色图，言少而意丰。呈现人们眼前的是：细雨霏霏，街道湿润，像涂上一层乳酪，细腻而柔软，洁净而又有光泽。土地解冻了，人们如果在湿润的地上行走，感到脚下软软的，还有点弹性。一场清新的春雨之后，原野上绿意盎然，遥望可知是春草初露嫩芽，清新可爱，又正因是早春，草还没有长高长大，走近再看，才见依稀的嫩芽，并不能形成绿色一片。正是这句描写草色的传神之笔，将我们带入了意蕴朦胧、如诗如画的早春景色之中。仅寥寥数字，就将一幅精美的画面展现在我们面前，这也充分体现了语言文字的精练之美。王维往往善于凭借丰富的想象力，移情于物，使物我交融，从而描绘出虽虚幻却又逼真的意境，表达出不同的感受。曾被苏轼誉为"诗中有画"的《山中》诗云："荆溪白石出，天寒红叶稀。山路元无雨，空翠湿衣人。"前半首写出深秋溪中与溪岸的景象。诗人用工笔细描，先隐隐地为我们勾画出一条曲折蜿蜒，似与游人为伴的山溪。由于天寒，溪中露出了嶙峋的白石，溪水也显得格外清澈可爱。接着描绘出溪岸的枫林，虽然叶子已渐稀疏，但仍点缀着溪水和白石。石"白"叶"红"，两相映衬，色彩鲜明。后半首，写出山中色调的苍翠。尽管时已深秋，山中仍是苍松翠柏，郁郁葱葱，弯曲的山路穿行其中，山色本身是空明的，但似乎不可触摸得到，故显出"空翠"的境界。山色的"空翠"，并不能打湿行人的衣襟，但在诗人的视野里，它却是那样的浓，浓得仿佛可以溢出翠色的水分。人行在空翠之中，就像被笼罩在一片无边无际，迷迷蒙蒙的翠雾之中，整个身心都受到它的浸染和滋润。于是诗人下意识地摸摸身上的衣襟，竟有湿乎乎、凉飕飕的感觉。这是诗人对山色瞬间的视觉。也是诗人的一种幻觉和错觉，却是如此的生动逼真。歌德曾说过："每一种艺术的最高任务即在于通过幻觉，产生一种更高更真实的假象。"（《诗与真》）王维诗中山色的空蒙飘忽，抑或是草色的延伸爬动，无一不给人一种自然美的感受，无一不使人觉得比纯静态的山色和草色更生动形象，更富有情趣。

朦胧美，恍惚迷离，可闻而不可即。《过香积寺》云："不知香积寺，数里入云峰。古木无人径，深山何处钟。泉声咽危石，曰色冷青松。薄暮空潭曲，安禅制毒龙。"诗歌描绘了幽静深邃的山寺景色。起句突兀超然，洒脱不羁，初不知山中有寺，故在茫茫的山村中行走数里后即登上白云缭绕的山峰。古树参天的丛林中，杳无人迹，只有诗人在独自地行走。他走着走着，忽然一阵钟声隐隐传来，在深山密林里回响，在诗人耳际萦绕。其音是清脆悠扬的，却又是虚忽缥缈的，这给寂静的山林蒙上了一层迷惘而神秘的情调。但是，诗人虽闻其声而不知声源之所在，以至禁不住要发问：怪哉，此山够高深矣，缘何会有这种声音出现呢？这问句，既写出钟声的恍惚朦胧，也反衬出寺藏地的幽深莫测。王维还善于通过描摹和传达物象音响的断续来表现意境的迷离朦胧的审美状态，如犬吠之声："夜静群动息，时闻隔林犬。"（《春夜竹亭赠钱少府归蓝田》）诗人用"群动息"突出春夜之静谧，斯时却不时地可以听到树林的那一方狗叫的声音。一个"时"字，点出吠声的断续性，时有时无，时高时低。王维笔下的风声亦具飘忽的审美特征。"嫩节留余箨，新业出旧阑。细枝风响乱，疏影月光寒。"（《沈十四拾遗新竹生读经处同诸公之作》）竹因为幼嫩，所以其枝条细小。它们在风的吹拂下，其形态显得凌乱。这一"乱"字，明是写竹，实则写风。随着风之有无、风力之强弱，竹枝的形态也不一样。王维就是这样根据自己的生活体验和审美感受，通过丰富、生动的联想，将自己所听到的各种物象的音响及其微妙的变化，准确、具体而形象地描摹、传达出来，给人以恍惚朦胧的审美感受。

朦胧美，只能意会而难以言传。王维诗中，有些意象则具有寄托性的朦胧特征。这种特征的意境，叶燮认为："诗之至处，妙在含蓄无垠，思致微妙，其寄托在可言不可言之间，其指归在可解不可解之会；言在此而意在彼，泯端倪而离形象，绝议论而穷思维，引人于冥漠恍惚之境。"在王维笔下，出现得最多的审美对象，除了空山，就是白云。有些诗，他借云形态的漂浮不定来表达自己所要寄寓的意蕴。如"前路白云外，孤帆安可论。"（《早入荥阳界》）用白云暗喻自己的前途、命运是那样的迷迷茫茫，不可预测，就像天空的白云那样漂浮不定。有些诗他则借云的高尚洁白和远离尘世、不沾不滞、自由自在，来表明自己或他人的心志。如《问寇校书双溪》中的"新买双溪定何似？余生欲寄白云中。"《送别》中的"但去莫复问，白云无尽时。"我们读王维的诗，的确有一种月下观景，雨中看山，雾中赏花的朦胧美，从中得到不同的审美享受与审美情趣。

自然语文的教学，贵在开窍，让学生在朦胧的意识中感悟文章之美，感悟语言之美，感悟人物之美，感悟智慧之美。语文的模糊性质是一种客观存在，语文教学是一个活跃的系统，信息传递与交流带有很强的模糊性，这是事物系统的特殊性在语文教学系统中的客观反映。语文教学系统模糊性产生的原因有两个方面，一是语文教学系统的特殊结构，即"人——人"对话系统结构（作品是作家人格的一种物化形式）。人的主观能力的不确立性形成系统的模糊性。二是语文教学系统的特殊介质，即作品尤其是作品本身的未定性，形成系统的模糊性。由于语文这种天然的模糊性特点，导致语文教学必须充分重视这一特点，才能真正挖掘出语文的艺术魅力。在语文教学中注重模糊教学艺术的运用，不仅不影响教学的科学性和准确性，反而能促进语文教学尽快实现向素质教育迈进的目标。1764 年德国哲学家康德提出"模糊"的概念，认为"模糊概念比清晰概念更富于表现力"。1956 年美国加利福尼亚大学教授查德正式提出"模糊集"，并创立模糊理论，将"模糊"延伸到各个学科。模糊与精确是一对平行对等的概念，在一定范围内，精确方法是更科学的方法；在另一范围内，模糊方法是更精确的方法。看似两极的二者，在一定条件下可以互相转化。马克思曾指出："人的全部认识是沿着一条错综复杂的曲线发展的。"我们对任何一门学科的知识的认知过程，必然是存在着"模糊—精确—模糊"的否定之否定的过程，没有模糊性就没有精确性。模糊教学法是模糊理论在学科教学中进行运用而形成的教学方法，所谓模糊教学，是指以被定论的教学规律为依据，结合、删选、优化诸家所长后创造出的一种灵活、无固定程式、能服务于不同人群需要的教学模式。俗话说："水至清则无鱼。"自然语文的模糊教学是一种具有极大自由包容性的教学，是在学生准确地把握教学进程、达到预定的教学目标的前提下，充分挖掘教学中所固有的模糊性、不确定性、开放性等属性，给学生的思维留下极为广阔的自由空间，直接成为激发学生创新思维的动力。语文学科的"模糊性"与"精确性"之间存在着辩证的统一。语文教学中的模糊教学是针对答案的唯一性、权威性而言的，它认为答案可以多元化、开放化、独创化，是一种更符合语文学科特点，更符合培养学生素质的方法，它破除了"非此即彼"二值逻辑的思维定式，促使学生发挥主观能动性，最终达到精确性的效果，从而焕发语文应有的灵性与鲜活的生命力。语文教学追求精确性确实是其走向科学化的一个重要手段和标志。"目标模式"的引入与研究，尤其是布卢姆"教育目标分类学"和教学信息量化理论的研究与运用，的确使语文教学向精确境界跨近了一步。然而，由于语文教学精确性诸理论的自身缺陷，以及教育者的片面追求精确性，其弊端也显而易见，反而抑制了语文教学的科学发展。如有的教师把教学内容切碎成许多知识点要求学生机械掌握，肢解了原本文脉贯通、浑然一体的文本，这样的教学忽视和抑制了学生思维的灵性和创造性，损伤了其作为人的整体性和全面发展的丰富性。因此，我们应当重视语文教学中的模糊性，使之更有利于培养学科的语言直觉感受能力，还原语文教学的审美功能，拓宽语文教学空间，培养学生的人文品格和创新精神。

语文作为一门人文学科，具有鲜明的模糊性。重新认识语文教学中模糊性的合理存在，使其成为语文教学理念的两翼之一，对于现代语文教育的改革与发展是一个重要补正。我们"不应以教师的分析来代替学生的阅读实践"，反对用社会性的权威去压服学生，反对苛求学生用一种眼光概念化地去图解作品主题，理解人物形象及语义。日本教育学会会长、东京大学名誉教授大田尧举过这样一个例子：某小学考试时有一道填空题："雪化了将变成什么？"大家都在空格里添上一个"水"字。这无可厚非。但有一位小朋友在空格里添上一个"春"字，却被老师判为"×"。大田尧问道："这难道是公平的吗？这个答案恰恰表现了孩子思维的流畅。"世界无限复杂而精彩，精确化的追求却忽视这一客观事实，一味奉行标准答案，量化主观感受，姑息了学生思维的惰性，扼杀了学生的个性。学生对语文材料的反应"往往是多元的"，语文课程必须关注学生的个体差异，尊重学生在学习过程中的"独特体验"，"珍视学生独特的感受、体验和理解"，应让学生把自己当作独立的人去观照作品、感悟作品，使学习过程成为一个富有研究性、创造性的个性化过程，使课堂教学呈现出一种开放性的格局。在这个意义上，模糊教学更有利于训练学生的发散思维，更能激发学生的创新能力，从而有利于更好地贯彻新课标精神。如对《落花生》的理解，不仅花生似的朴实无华值得赞许，苹果、石榴似的人生也不该再被作为"炫耀自己"而遭到否定；文本与读者之间存在双向的互动联系，读者对一部作品往往会有不同的感悟，作品包含诸多的"意义不确定性"与"意义空白"，它们构成作品的"召唤结构"，召唤读者去想象，实现作者的创作意图。所以教师要引导学生在对文本的叩问、质疑、充实、延伸的过程中实现再创造，激活生命激情，张扬个性，放飞灵性。朱自清"惊诧于梅雨潭的绿"，但只能作"宛然一块温润的碧玉，只清清的一色——但你却看不透她"的描绘，并与其他地方的绿色对比观照，用了"太淡""太浓""太明""太暗"，作者似乎越说越模糊，但正是这样，引导审美主体通过对审美客体的审视、体验，展开丰富的想象，去领略作品流露出的"朦胧美"。再如汉乐府诗《陌上桑》写罗敷之美，采用了一种模糊、虚化的手法："行者见罗敷，下担捋髭须。少年见罗敷，脱帽著帩头。耕者忘其犁，锄者忘其锄。来归相怨怒，但坐观罗敷。"罗敷究竟有多美，是不确定的，模糊的，但每一位学生都可以根据自己的想象和审美标准来体会琢磨罗敷的美，"你想象她有多美就有多美"。对此，我们在教学中若用明晰确切的语言或某一具体现实的人物去概括或类比学生头脑中的形象，则不但会破坏学生的审美思维，也影响其想象力和创造力的发挥。新课标认识到语文课程具有丰富的人文内涵和广阔的生活外延，应该是"开放而富有创新活力的"，"不宜刻意追求语文知识的系统和完整"，在教材的体例和呈现方式上鼓励灵活多样，而避免模式化，逐步培养学生探究性阅读和创造性阅读的能力，提倡"多角度的、有创意的阅读"。在具体作品的阅读指导和课后习题中注重吸引学生、启发学生，为学生留下自己独立思考的艺术空间。"模糊"教学在这方面具有独特的优势。"模糊"教学是配合精确性教学并为之服务的，在自然语文教学中恰当地运用"模糊"教学，调动学生"模糊"思维能力，采取意会、联想的方法达到思维的共振、情感的共鸣，能激发学生的朦胧的审美情思，激发学生的兴趣，培养学生的想象力和人文品格，有利于学生更加全面地理解课文，感悟作品，有利于培养学生的语文素质，这是语文教学的理性呼唤。那个敢于第一个吃"螃蟹"的小朋友填出了自己对"雪化了变成春"的感受，是在模糊情态下以猜测和期待的眼光去了解大自然，是一种还未被磨灭的灵性，是悟性的闪光。

六、自然语文追求"有无相生"的艺术美

老子说："天下万物生于有，有生于无。"（《老子》第四十章）认为有与无是可以相生的，可以相互转化的。"有无相生"体现了事物对立统一的辩证关系，实际也体现了艺术创作的辩证关系。后世的作家、艺术家，他们逐步从老庄哲学中引申出这样一种思想：通过"有声""有色"的艺术，而进入"无声""无色"的艺术深层境界。才是至美的境界。与之相关，"虚"与"实"的概念也应运而生，而"虚实相生"理论也成为中国古代艺术美学中独具特色的理论。在中国诗歌创作中，常化实为虚，"不以虚为虚，而以实为虚，化景物为情思"（《四虚序》）。山水诗中，也有许多虚实相生的范例。例如谢灵运《登江中孤屿》的"乱流趋正绝，孤屿媚中川。云日相辉映，江水共澄鲜"。诗人用浓墨重彩将乱流争趋，水天一色，云日辉映，绮丽清新的景色实写，使人如身临其境，令人身心愉悦，灵魂得到净化。然后，笔锋一转，用"表灵物莫赏，蕴真谁为传"的大片飞白，表达了诗人观景后的感喟，虽未具体写景，却能从"表灵""蕴真"中感悟到诗人对大自然神奇莫测的造化之功的由衷赞叹。

　　中国传统的艺术审美观念认为，美虽然不能离开形，但美的本质却不在于形而在于神。因此中国传统艺术对美的追求是由形入神、以形传神。中国的绘画、建筑、书法、音乐、诗歌等艺术均是被看作对物的表达，这些艺术样式要表达、追求的是传神，这就不再仅仅满足于形式的华丽、感观的愉悦，而须深入到其内在的意蕴。正如严羽在《沧浪诗话》中所说："如空中之音，相中之色，水中之月，镜中之相，言有尽而意无穷。"因此，园林景物，取自然之山、水、石组织成景，寥寥几物便使游人大有"所至得其妙，心知口难言"之感。在书法的评判标准上，南朝齐的著名书法家在王僧虔《笔意赞》中有曰："书之妙道，神采为上，形质次之，兼之者方可绍于古人"，其实质是追求书法的意境美。老子"道法自然"思想辐射到中国传统文化的各个领域，对哲学、军事、艺术等产生了极其深远的影响，老子"天人合一""大象无形""有无相生""奇正相生"等理论，是中国传统审美观的哲学基础，对中国传统文化的发展发挥了巨大的作用。中国传统艺术，如中国山水画、中国园林，其追求的艺术境界是统一的，都要求创造天人合一、情景交融的意境。由于自然的伟大，人们通过各种艺术形式来敬拜它、赞美它、亲近它、描绘它，来表达对自然的感情。而中国艺术家在创作过程中，因受"天人合一"的哲学思想影响，而对创作对象全身心地投入，"物我两忘"，浑然而一体，与客观创作对象产生共鸣，抓住对象的精神，将自己的、对象的生命力表现出来。正如朱光潜所言："在美感经验中，我和物的界限完全消灭，我没入大自然，大自然亦没入我，我和自然打成一气，在一块发展，在一块颤栗。"例如日常应用的汉字，在书法家的作品中，那些线条成为表达生命的元素，组成的"字"成为具有生命的意象，这是书法家生命力的融入，也是象形文字生命本身的表达。结体、章法等无不是生命的表现形式。徐悲鸿的《奔马》，其强有力的动感正是生命的体现；花、鸟、虫、鱼均能入中国画，关键也正是在于艺术家所表现的精神；松、兰、梅、竹之所以成为中国画的永恒主体，就是因为它们傲寒的生命力，这已不仅仅是客观物体的生命，也成为中国许多文人墨客、艺术家的人格标志。

七、自然语文教学美学追求的具体策略

自然语文的教学观认为，语文教学是一门艺术，一堂好的语文课犹如一首动人的乐曲，让人身心愉悦。艺术是相通的，语文课堂教学也要追求境界美。这里所说的境界，是指在教学过程中所创造的融知识性、科学性、形象性、情感性为一体的富有强烈艺术感染力的教学氛围，它以激发学生兴趣，更好地传授知识、培养能力、启发思维、陶冶情操为目的，以知识性和科学性为前提，以形象美、情感美、结构美为主要因素。

1. 自然环境，凸显语文美。美的语言、美的情感都会使语文的教学变得丰富多彩，富有生命力，审美这一重要因素在小学语文教学过程中的运用至关重要。不但要使小学生拥有扎实的文化功底，还要使小学生的审美素质得到有效地提升。小学生与汉字的接触不但可从教材中取得，还可以通过教室墙壁、板报及其他装饰物的形式得到汉字的启迪，引发小学生对识字的兴趣，使其感受到汉字与环境情景相融的美感，进而陶冶情操，激发审美情趣。如：在学校校门的牌楼上，设计古代与现代韵味兼容的建筑，由名人亲笔题词，使学校的大门独具特色，熠熠生辉。小学生在这样的识字环境，不仅潜移默化地学习到语言文字，而且会体味到美的真谛，心中涌出对祖国文字的崇拜之情，为中华民族的博大精深而深深折服。

2. 强化诵读，凸显音韵美。汉语语言能力是小学语文教学的重要指标，它的能力高低对小学生的表达与成长都起着重要的作用。因此，教师要将自然景物与美学教育相结合，合理引导小学生从不同的美感角度去领会语言描绘的景物语言的魅力。如：在小学三年级语文《蒲公英》章节中，教师要适时引导学生对文章的词句进行有感情地朗读，还要诱导他们欣赏蒲公英的成长过程及其外在形态的变化，善于运用不同变化的词句来描述蒲公英的变迁，理解语言文字的含义，懂得做任何事情都要脚踏实地，不可被表面的假象所迷惑的道理。

3. 创设情景，凸显语境美。自然语文创设美感的情境课堂，提高学生的参与度。在小学语文教学过程中，真切的教学情境的创设，有助于小学生的审美意识和

思维的建立，更容易激发小学生的学习积极性，调动他们投入到教学中来。如：教师在讲授人教版小学语文《颐和园》过程中，运用现代化多媒体手段，将颐和园的天空影像播放出来，借用音乐、图片的方式，使学生在初读此篇课文时，感知到美的存在，对颐和园的天空有个直接的感性认识。教师让学生闭上双眼，伴随着音乐和解说，去神游颐和园，领略颐和园蔚蓝的天空，然后要求学生用清新凝练的语言描绘颐和园的天空，描绘颐和园的美，这样的教学，使得学生对颐和园的天空不再陌生。通过反复地朗读、品味美的意境，使课文语言蕴含的情感与学生的情感达成了一致，引起了强烈的共鸣，而且也将勾起学生想去了解更多的颐和园的相关内容的欲望，诸如青藏高原、日光城等知识，拓宽了学生的文学素养。

4. 突出语用，凸显表达美。自然语文重视语用，灵活掌握美的文字，用恰当的方式表达美的语言。小学语文教学对文字的阅读思考，有效地表述也是重要的一环，是将学生的情感与课文内容融合深化的过程，也是传递美的信息，接受美的过程。如教学人教版小学语文《北大荒的秋天》一课时，让学生在课文中找到哪些词语概括描写了天空的景象，"一碧如洗""五彩斑斓"，让学生思考为什么天空前面是一碧如洗，后来又变成了五彩斑斓，这是怎么回事呢？通过阅读，学生领悟到这种现象是由于流云被阳光照射而变成了美丽的晚霞，试想，还能用其他的词语来表述五彩斑斓吗？这种及时将审美体会行诸文字的教学方法，使学生的学习积极性被激发，语言文字的思维活跃起来。

5. 理解教材，感受语言美。语文学科是一门飞扬着作者灵性的特殊教学内容形成的具有浓郁人文特色的课程，它能陶冶人的情操，培养人格素质。特别是作品中优美的文字，鲜明的形象，更能激发学生对祖国语言的热爱和自豪感。它能使枯燥的文字化为美好的形象，把干巴巴的道德说教变成吸引人，令人心悦诚服的鲜明形象。在教学《富饶的西沙群岛》时，我采取诵读—自悟—想象的手段，先让学生多次诵读，在读中培养语感，在读中受到情感的熏陶，感悟其语言魅力，特别是文中生动形象的比喻、结构严谨的排比、恰如其分的夸张。然后再自读自悟，最后是听，朗读想象。让孩子们轻轻闭上眼睛，跟着老师的朗读，一起去游览富饶的西沙群岛，我则播放轻音乐，在优美的音乐声中，声情并茂地朗读起来。朗读完毕，孩子们依然闭着眼睛，如痴如醉，沉浸在西沙群岛奇异的景色之中。等他们睁开眼睛时，我问他们看到了什么，孩子们争相回答：深浅不一、色彩绚丽的海水；形状各异的珊瑚；多得数不清的鱼儿；海滩上美丽的贝壳；海岛上成群飞翔的海鸟……相机引导："这么美丽富饶的海岛，你们喜欢吗？""喜欢！""我能住在这里，该多好啊！""长大后，我也要像这些解放军战士一样，守卫着美丽的祖国的南大门。"看到孩子们一张张向往的小脸，一双双明澈的眸子。我想：这堂课是成功的，孩子们已于自觉不自觉中接受了一堂生动形象的美育课，他们已懂得从祖国语言文字中去欣赏美、理解美。

6. 观察插图，发现课文美。小学低段语文课本上有着丰富的插图，涉及日月星辰、山川河流、花鸟虫鱼、风土人情、童话故事等各个方面，这丰富多彩的自然世界无不吸引学生畅游其中而获得美的享受。比如，学习《游园不值》一诗时，光靠口干舌燥的讲解，是很难让学生理解诗的意境，从而获得美的享受的。而再看看插图：园外探出的俏丽的杏花，墙内若隐若现的一抹嫣红。这就能勾起学生无限遐想，此时再诵读千古名句"春色满园关不住，一枝红杏出墙来"，学生早已随着诗人的脚步，来到这春意盎然的杏花园边，内心早已涌起那种无以言传的暖意，同作者产生了共鸣，当然已入情入境，受到了美的熏陶、感染。

7. 置身自然，体会生活美。为培养学生高尚的审美情操，形成正确的审美观，逐渐学会体味美、联想美，进而学会理解美、热爱美、创造美。教师可以利用大自然的神奇魅力，进行审美教育。因为大自然的鬼斧神工，让人叹为观止，它是美育教育取之不尽，用之不竭的源泉。它充满生机，为人们的审美活动提供了广阔的空间，也是学生最容易接受和掌握的一种审美对象。

8. 创新学习，探究体验美。只有洋溢人性之美的语文课堂生活，才能体现语文教学的人文价值取向。选入教材的课文大多是有深邃的蕴意，文章言尽而意无穷。如果教师允许学生富有个人情感的阅读，就有可能出现"一千个读者就有一千个哈姆雷特"的结果。一位教师在教学《独坐敬亭山》一文时，让学生们在充分看图，多次朗读本诗，体会意境后，问："你们有什么想法？"学生们的答案不一，富有童趣。有的说："这个地方可真美，没有环境污染。"有的说："李白真会享受，独自欣赏美景。"有的说："这些鸟儿可真无情，为什么不留下来陪一下李白呢？"还有的说：
"要是我，我才不会觉得孤单寂寞，相反还会觉得清静悠闲。"这些不同的回答，真
令人赏心悦目。阅读，求的就是独特的感受，这种独特的感受，才是人性的，如果
是千篇一律的答案，何谈美感！

9. 积累感悟，鉴赏文字美。一位教育家曾说："教育不能没有感情，没有爱。
如同池塘没有水一样，没有水，就不能称其为池塘；没有感情，没有爱，也就没有
教育。"培根说："读一切好的书，就是和许多高尚的人说话。"所以，培养儿童的
阅读能力，在阅读中培养语感，受到情感的熏陶，是尤其重要的。作为教师，应当
找准相应的契机，在阅读材料蕴含情感的关键处着意点拨学生心灵的琴弦，诱发他
们的情感以引起共鸣，从而爱作者之所爱，恨作者之所恨。平时，我们准备了一个
摘抄本，让孩子们平时学会摘抄优美词句和名人名言，在课前五分钟一起品读、欣
赏，从而产生愉悦的审美情感。

10. 口语交际，延伸语文美。口语交际亦是审美教育的阵地。口语交际大部分
洋溢着人文关怀。寻找大自然的美景，感受动物间的相互帮助，学习礼貌待人接物
等无不有着美的一面。教师完全可在教学中抓住闪光点，寻找契机，让学生感受相
应的真诚、友善、美好。还可以抓住儿童特点，进行专题讨论。如：《我爱我家》《我
与地球妈妈》《我最爱看动画片》等。还可以创设情景，进行模拟活动，进行生活
化教学。如：在教学口语交际《购物》时，可先让学生回家去了解日常用品的价格、
性能。第二天在课堂上，请一位同学扮演售货员，几名学生分头去买商品，通过他
们逼真的表演，孩子们知道了买东西要讨价还价，要物有所值，更知道怎样礼貌购
物、文明购物，同时，也培养了学生待人处事的能力。

综上所述，生动、直观、感性的美感形象有助于激发小学生的感官体验，弥补
其知识积累和阅历的不足。小学语文的基础性特征要求其审美教学须以美的外在形
象为手段，具体表现为两点：一是客体文本所体现的音韵美、人物形象美、作品结
构美等；二是主体教师所表现的语言美，情感美等。这些美感形象也主要依托于两
点进行营造和实践：一是充分挖掘文本美感因素。文本的利用发掘就是要为学生找
到并展示审美激发点，构建审美主体即学生与文本之间的联系，进而激发学生的审

美欲望和进一步探索。如诗词就具有极强的美的客观性和形式规律，韵律美、意境美、语言美等都有助于审美主体产生精神上的愉悦，在接受知识的同时实现审美意识的升华。以贺知章的《咏柳》为例，"碧玉""绿丝绦""春风"等都充分勾勒出初春杨柳的形象美，"赋物入妙"，引人入胜。二是创设引入美感情境。审美情感极易为美丽的情境所触动，文本阅读中，美感因素或为愉悦情绪，或为慷慨激昂的壮士情怀，抑或其他情绪所启发引起。文本中所描绘的动人画面、流淌的音乐、整齐的朗读声都会引发学生对江南春色的美好向往。教师对音乐、多媒体课件的合理搭配运用，可以将语文教学变为轻松享受的欣赏过程，让学生在消化吸收知识的同时陶冶情操、美化情怀。

美在本质上是多元的，"一千个人眼中有一千个哈姆雷特"，美的生命力源于审美活动的个性化。小学生作为独立的个体存在，其独特的思维方式、情感世界使其在文本阅读的过程中会产生与成人大相径庭的思想，而越是这种奇思妙想，越是创造性的思维和表达，越能体现出文章的美感所在。小学语文中的审美教学就是要学生用个性体现和主观表达来完成其对文本的理解，个性、情感的展现和流露都是文学生命的丰富性、多义性的理想体现，也是审美教学带给学生更多更大创造空间的目标所在。自然语文的教师要在自然语文教学过程中，积极地渗透审美教育，提高学生的审美能力，让他们有善于发现美的眼、感知美的心、欣赏美的心态，培养学生的审美情趣，提升学生的美育。自然语文教师要让学生深刻理解教材，感受美的熏陶，利用课本有关插图发现美，让学生置身于大自然中真实地体会美，引导学生刻苦学习享受探究美，把美的因素贯穿于整个教学过程当中。

参考文献

［1］陈丽嫦．在语文阅读教学中培养创造性思维[J]．西江教育论丛，2006（2）．

［2］陈瑛．人生幸福论[M].北京：中国青年出版社,1996.

［3］董菊初．名师成功论[M].北京：科学出版社，2010.

［4］方金元，胡士平．让评价成为学生作文的催化剂[J].语文教学与研究:教师版，（10）．

［5］方明．陶行知教育名篇[M].北京：教育科学出版社，2005.

［6］冯天瑜．汉水文化研究[M].北京:中国国际广播音像出版社，2006.

［7］冯燕涛．阅读教学如何培养学生的想象力[J]．语文教学与研究，2007（28）．

［8］伽达默尔.真理与方法[M].洪汉鼎，译.上海：上海译文出版社，1999.

［9］龚雷雨．推进学校教育科研方式转换的思考与探索[J].上海教育科研，2004（4）．

［10］郭思乐．教育走向生本[M].北京：人民教育出版社，2001.

［11］郭思乐．课程本体：符号研究回归符号实践[J].教育研究，2003（7）．

［12］胡伊青加．人:游戏者——对文化中游戏因素的研究[M].成穷，译.贵阳：贵州人民出版社，1998.

［13］扈中平．教育目的论[M].修订版.武汉：湖北教育出版社，2004.

［14］季羡林.长江文化论文集[M].武汉:湖北教育出版社，2005.

［15］金丽娜．在阅读教学中培养学生的创造性思维能力[J]．湖南教育，1999（10）．

［16］赖李真．在作文修改中构建合理评价体系[J]．语文教学与研究：教师版，2005（8）．

［17］老子．道德经[M].长春:吉林文史出版社，2002.

［18］李白坚．大作文——写作教学中的新观念与新方法[M].上海：上海交通大学出版社，2001.

［19］李树根．如何在阅读教学中培养学生的想象力[J]．中学教学参考，2011（10）：7.

［20］李友清．中华孝文化研究[M].武汉:湖北人民出版社，2007.

［21］梁靖云．教育行动研究——中小学教育科研的主要方式[J]．教育理论与实践，2002（22）．

［22］刘昌安．汉水中上游移民生活方式现代转型的研究报告[J]．汉中师范学院学报，2003（5）．

［23］刘次林．"幸福教育"论的100个观点（一）[J].校长阅刊，2006（9）．

［24］刘次林．幸福教育论．北京师范大学．2001.

［25］刘淼．作文心理学[M].北京：高等教育出版社，2001.

［26］卢家楣．学习心理与教学[M].上海：上海教育出版社，2000.

［27］马正平．高等写作学引论[M].北京：中国人民大学出版社，2002.

［28］苗元江，余嘉元．幸福感：生活质量研究的新视角[J].新视野，2003（4）．

［29］潘世东，林玲．诗性的智慧[M].广州：华南理工大学出版社，2000.

［30］祁寿华．西方写作理论教学与实践[M].上海：上海外语教育出版社，2000.

［31］檀传宝．德育美学观[M].太原：山西教育出版社，1996.

［32］汪利兵，等.教育行动研究：意义、制度与方法[M].杭州：浙江大学出版社，2003.

［33］王世朝．幸福论：关于人·人生·人性的哲学笔记[M].合肥：安徽人民出版社，1998.

［34］王雄．阴阳碑[M].武汉：长江文艺出版社，1998.

［35］吴立岗．小学作文教学[M].南宁：广西教育出版社，1992.

［36］吴全华．论教育与人生幸福的关系——教育目地论视角的解析[J].教育研究，2008（3）.

［37］杨德广等．世界教育兴邦与教育改革[M].上海：同济大学出版社，1990.

［38］叶澜．教育研究方法论初探索[M].上海：上海教育出版社，1999.

［39］叶圣陶．叶圣陶语文教育论集[M].北京：教育科学出版社，1980.

［40］袁浩．袁浩小学生作文教学心理研究与实践[M].济南：山东教育出版社，1998.

［41］曾茂林．新课程下"四要素"耦合评价的独特视角及视域[J].现代中小学教育，2007（5）.

［42］张淑瑶．在阅读教学中培养学生的创造性思维[J]．宁波大学学报（教育科学版），2005（4）.

［43］张廷凯．我国课程论研究的历史回顾：1922—1997（下）[J].课程.教材.教法，1998（2）.

［44］张正明．楚史[M].武汉:湖北教育出版社，1995.

［45］章开沅，张正明，罗福惠．湖北通史：先秦卷[M].武汉：华中师大出版社，1999.

［46］赵中建．教育的使命[M].北京：教育科学出版社，1996.

［47］郑金洲．教育研究成果的表达形式之一——教育日志[J].人民教育，2004（12）.

［48］钟传祎．学科作文教学的理论与实践[M].北京：语文出版社，2010.

［49］左鹏．汉水[M].南京：江苏教育出版社，2006.